古代歷史文化研究輯刊

二四編

王明蓀 主編

第15冊

百越新史（上）

周運中 著

國家圖書館出版品預行編目資料

百越新史（上）／周運中 著 -- 初版 -- 新北市：花木蘭文化
事業有限公司，2020〔民109〕
目 2+166 面；19×26 公分
（古代歷史文化研究輯刊 二四編；第 15 冊）
ISBN 978-986-518-265-6（精裝）
1. 民族史 2. 中國
618   109011134

ISBN-978-986-518-265-6

古代歷史文化研究輯刊
二四編　第十五冊　　　　　　　　ISBN：978-986-518-265-6

百越新史（上）

作　　　者	周運中
主　　　編	王明蓀
總 編 輯	杜潔祥
副總編輯	楊嘉樂
編　　　輯	許郁翎、張雅淋　美術編輯　陳逸婷
出　　　版	花木蘭文化事業有限公司
發 行 人	高小娟
聯絡地址	235 新北市中和區中安街七二號十三樓
	電話：02-2923-1455／傳真：02-2923-1452
網　　　址	http://www.huamulan.tw 信箱 hml810518@gmail.com
印　　　刷	普羅文化出版廣告事業
初　　　版	2020 年 9 月
全書字數	248648 字
定　　　價	二四編 21 冊（精裝）台幣 62,000 元

百越新史(上)

周運中　著

作者簡介

周運中，男，1984 年生於江蘇濱海縣。南京大學學士，復旦大學博士。現任南京大學海洋文化研究中心特約研究員、中國海外交通史研究會理事、中國百越民族史研究會理事。曾任廈門大學助理教授、中國南海研究協同創新中心兼職研究員。著有《鄭和下西洋新考》（中國社會科學出版社 2013 年）、《中國南洋古代交通史》（廈門大學出版社 2015 年）、《中國文明起源新考》（花木蘭文化出版社 2015 年）、《正說臺灣古史》（廈門大學出版社 2016 年）、《濱海史考》（江蘇鳳凰科學技術出版社 2016 年）、《九州考源》、《秦漢歷史地理考辨》、《鄭和下西洋續考》、《西域絲綢之路新考》、《唐代航海史研究》、《道士開闢海上絲綢之路》（以上花木蘭文化事業有限公司，2019 ～ 2020 年）等，發表論文百餘篇。

提　　要

　　本書指出越的本義是低地、海洋，伏羲、布依和武夷都源自魚，漢族的祖先從雲貴、重慶北遷，經大寧河、漢水流域到中原。蜑的本義是蛇，疍民崇拜龍蛇。南方有很多漢語地名來自越語，不少漢語海洋生物名字來自南島語的音譯。仡佬、崑崙、高涼、高麗的本義都是河谷，仡佬族曾分布在江南廣闊地域。佤族自稱外喻源自鱷魚，演變為烏滸，融入仡佬族。壯侗族群源自西江下游，秦攻百越導致侗水族群北遷、壯傣族群西遷。俚人是侗水族群，俚、黎的本義是山野，俚人不是黎族。牂牁是源自越語的河流，建立南詔國的蒙舍詔人是傣族。自杞國是仡佬族建立，羅甸國是布依族建立。還研究了南方各地越人的漢化史，考證了越文化對漢文化的一些影響。

緒論：研究史與新方法

我們為什麼要研究百越族群的歷史呢？長久以來，因為受到中原文化中心觀的影響，我們不由自主地給周邊的非漢族貼上諸如蠻夷戎狄、原始蒙昧、生番野人、邊緣次要等標籤。可是現代分子人類學早已從基因檢測發現，現在地球上所有人都是來自幾萬年前的東非，全人類都有一個共同的女祖先，科學家姑且稱之為夏娃，這就是所謂的夏娃理論。現在非洲以外的人，都是源自從非洲走出的人。雖然最新的研究又發現，非洲以外的人在亞歐大陸融入了一些土著族群比如尼安德特人、丹尼索瓦人的血統，但是這些血統的比例極少。因為當時的地球還在冰期，高緯度地區比較寒冷，所以走出非洲的現代智人最早主要生活在熱帶，先遷到西亞、南亞、東南亞等地。

科學家發現，現代東亞的人群主要是從南亞遷入，先到雲南，再向北方擴散。最早來到東亞的兩支人群是 Y 染色體為 D 型、C 型的人群，後來的是 N 型和 O 型，現在東亞的主要人群是 Y-O 型。D 型現在已經被排擠到青藏高原和日本列島，成為藏族等高原民族和日本人的主要類型。C 型被排擠到西南山地和東北草原，成為滿—通古斯語族、蒙古語族人群和一些西南人的主要類型。N 型遠遷到芬蘭、匈牙利和西伯利亞，成為烏拉爾語系族群的主要類型。O 型是現在漢藏語系族群、南島語系族群和韓國人的主要類型，廣泛分布在東亞、東南亞和廣闊的太平洋、印度洋地區。O 型之中最原始的 O1 型是侗臺語系和南島語系族群的類型，從 O1 型產生了 O2 型，才北遷到長江流域和黃河流域。所以漢族是從越人之中分化產生，越人是漢人的祖先族群。

所以百越史不應再被看成是邊緣地區的歷史，而應是亞太地區的歷史，

甚至是世界史的重要組成部分。過去的歷史只知道永嘉、安史、靖康等北方人南遷史，而不知在遠古時代南方人北遷的歷史同樣是波瀾壯闊。很多中原文化的因素，其實是在南方的百越文化之中誕生，被北遷的人群帶到北方。後世的中原文化，也一直在從百越文化之中汲取營養。

百越文化不止是中原文化的一個夥伴、一面鏡子，還是中原文化的根基和淵源，這就是我們要研究百越文化的原因。

Y-O2 型的漢藏語系族群和 Y-O1 型的百越（侗臺語系、南島語系）族群，雖然在雲南、貴州就勞燕分飛，各奔南北，但是歷史上一直有密切交流。因為後世漢人南遷，使大量越人漢化，融入了漢族。所以現在漢族之中，除了來自上古華夏的成分之外，最大的非華夏成分就是來自越人。分子人類學檢測發現，現在漢族之中的 Y-O1 型多達約 15%，主要分布在東南。

古代中原人統稱南方的侗臺語系與南島語系的民族為百越，因為越人分布地域很大，支系很多，故名百越。《呂氏春秋・恃君》說：「揚漢之南，百越之際，敝凱諸、夫風、餘靡之地，縛婁、陽禺、驩兜之國，多無君。」據《水經注》，揚水在長江與漢水之間，古人認為江漢之南，遍布百越。凱諸在西南，見本書第四章第四節。縛婁在今廣東博羅，博 bak 是口，羅（黎、俚、萊）lai 是山，博羅即山口，博羅正是在珠江三角洲到東江流域的山口。驩兜即崑崙（昆屯），即南海沿岸的南島語系海上族群疍民。《漢書・地理志下》顏師古注引臣瓚曰：「自交趾至會稽七八千里，百越雜處，各有種姓。」百越從會稽分布到交趾（今越南）是漢代的情況，原來重慶、四川、江西、湖南、湖北等地也有很多越人。

古人一直明確分別苗瑤民族和侗臺民族，顧炎武《天下郡國利病書》引《廣東通志》：「及吳起相（楚）悼王，南並蠻越……即今江西蠻越之眾，自此逾嶺而居溪峒，分猺、獞二種，猺乃蠻荊，獞則舊越人也。」楚蠻是苗瑤民族，壯族是侗臺語系越人。湖南龍山縣里耶秦簡明確分別蠻人、越人、衿人，衿人應即黔人，即今侗族。《南齊書・州郡志下》荊州：「道帶蠻、蜒。」蠻族和水居的蜑（疍）民不同，我在書中還有很多證據表明古人明確分別蠻和獠。[註1] 唐代顧況《華陽集》卷上《酬漳州張九使君》詩云：「薜鹿莫徭

〔註 1〕近代以來，為提倡民族平等，認為獠字的犬旁出自民族歧視，所以現在一般將獠改寫為僚。本書為尊重古籍原文，不改古籍原文，但有時也遵從現在人的改寫。

洞，網魚盧亭洲。」莫徭即瑤族，莫徭連讀即苗，漳州內陸的苗瑤民族是東遷的畲族，盧亭是海上捕魚的越人。前人曾經誤以為畲族和疍民都是越人的後裔，其實畲族和越人雖然有少量融合，但是大體上不能混淆。

東南的陸居民族和海居民族有明顯分別，唐代皇甫湜《韓文公神道碑》：「洞究海俗，海夷陶然遂生。」〔註2〕唐代張讀《宣室志》卷四《韓愈》此句作：「洞獠海夷，陶然自化。」〔註3〕南宋祝穆《方輿勝覽》卷三六潮州風俗，此句作：「洞夷海獠，陶然遂生。」〔註4〕洞究海俗不通，顯然是誤字。不管是洞獠海夷，還是洞夷海獠，都分別了陸居民族和海居民族。《南齊書》卷四一《張融傳》說他去任交州交趾郡封溪縣（在今越南）令的海路上，被獠賊抓住，要殺他食用，則潮州的很可能是洞夷、海獠。

苗瑤民族和百越民族的信仰顯著不同，《呂氏春秋》卷十《異寶》：「荊人畏鬼，而越人信機。」《淮南子・人間》：「荊人鬼，越人禨。」唐代樊綽記載南詔的專著《蠻書》卷十：「按《夔城圖經》云：夷事道，蠻事鬼。」荊（楚）人是苗瑤民族，苗瑤民族祭鬼，而百越民族重視神仙道術。

莫徭 m-iao 連讀就是苗 miao，唐玄宗李隆基詔諭：「又江淮之間，有深居山洞，多不屬州縣，自謂莫徭。」〔註5〕唐代定都西北，唐代皇帝口中常提到的江淮之間不是長江和淮河之間，而是泛指長江和淮河流域，可見莫徭是自稱。

現代學者一致認為瑤族和苗族是同源民族，可惜古代漢人就把莫徭曲解為不必服徭役，《隋書・地理志》：「長沙郡又雜有夷蜒，名曰莫徭，自云其先祖有功，常免徭役，故以為名。」這種曲解自然不能成立，等到莫徭簡化為徭，又出現了新的曲解，南宋周去非《嶺外代答》卷三：「瑤人者，言其執徭役於中國也。」嘉慶《廣西通志》：「瑤者，徭也，粵右土著，先時就撫，籍其戶口，以充徭役，故曰瑤。」從不服徭役變成了服徭役，可見這種字面解釋多麼荒謬！

這種不顧民族語言學的錯誤思路，居然被個別現代學者贊同，說瑤族的

〔註2〕〔唐〕皇甫湜：《皇甫持正集》卷六，《影印文淵閣四庫全書》第1078冊，臺北：商務印書館，1987年，第95頁。

〔註3〕〔唐〕張讀撰、蕭逸校點：《宣室志》，上海古籍出版社，2012年，第28頁。

〔註4〕〔宋〕祝穆撰、祝洙增訂、施和金點校：《方輿勝覽》，北京：中華書局，1993年，第644頁。

〔註5〕〔唐〕李隆基：《遣使分巡天下詔》，《全唐文》卷三一。

名字源自王朝國家的財稅體制，還反對民族學的研究思路，認為把現代民族和古代記載對應是膠柱鼓瑟，〔註6〕而不知他這種望文生義才是荒謬的反科學想法。瑤族和漢族、壯族等民族在歷史上自然有交融的成分，但是不能因為世界上的各族都有所交融就混淆各種民族。

清人吳震方《嶺南雜記》：「明《通志》凡山寇皆謂之獠，蓋山寇亡命烏合，未必種傳，無從究考。」他認為獠是山寇的統稱，我們似乎從這句話能得出獠人都是漢族的結論？我認為這不過是某些古人的一孔之見，不能全信。漢族之中自然有流入異族的成分，但是在多數情況下，異族成分既不是漢族的主流，也不是非漢族的主流，所以不應把非主流看成是主流。獠人的主體不可能是漢族，不能因為古代獠人和漢族的山寇都反抗朝廷就說獠人的主體是漢族。

屈大均《廣東新語》卷七《傜人》：「以盤古為始祖，盤瓠為大宗，其非盤姓者，初本漢人，以避賦役，潛竄其中，習與性成，遂為真傜。」這話也不能成立，瑤族中的藍、雷等姓都不可能源自漢族。不過屈大均說：「大均嘗至西粵，宿僮人高欄之中，頗知僮習俗，其人名曰僮牯老，與傜不同，東粵有傜而無僮。」他明確區分瑤族和壯族，僮牯老應即僮仡佬。

南宋周去非《嶺外代答》卷十《蠻俗門》的蠻俗、獠俗都是指今廣西的壯族，但是卷三《外國門》分別列出蜑蠻（蜑民）、瑤人和西南夷，西南夷五姓蕃對應今貴州南部的布依族，可見他還是能分別各種民族。

南方民族的相貌非常明顯，唐代劉餗《隋唐嘉話》卷中說徐世勣相貌類似胡人，他嘲笑神童賈嘉隱是獠人面容。各族群之間的相貌也有差異，所以古人能夠辨別不同族群。

古人也明確分別百濮和百越，我認為，滿—通古斯語族和蒙古語族群體的Y染色體主要是C型，是從西南向北遷徙。C型對應西南的濮和東北的貊，上古音的濮是pok，貊是mak，讀音接近，顯然是濮人北遷成為貊。因為C型在遠古時期人多地廣，所以古人稱為百濮。現代很多學者分不清濮和越，往往誤把百濮歸入百越。濮和越的文化確實有相通之處，但是這是因為他們原來都在熱帶，因為環境類似與文化交流導致一些習俗類似，這種社會演化的趨同不能證明二者的血緣來源相同。《逸周書·王會》：「卜人以丹沙。」卜即僰，僰道在今宜賓。《呂氏春秋》卷二十《任數》：「氐、羌、呼唐、離

〔註6〕劉志偉：《天所以隔外內》，《南嶺歷史地理研究》序，廣東人民出版社，2016年。

水之西，僰人、野人、篇笮之川。」此處的僰人在今雲南之西，《華陽國志》卷四《南中志》說永昌郡：「有閩濮、鳩獠、僄越、躶濮、身毒之民。」此處的濮靠近身毒（印度），對應《呂氏春秋》的僰人、野人。雲南紅河古代稱為僕水，《左傳》文公十六年提到漢水中游的百濮。古代道州的白蠻是濮人，其南是富川縣，富川縣和江永縣中間有服嶺，富、服都源自濮。〔註7〕河南有濮陽，南陽盆地通往華北的出口北側有柏國（今舞陽），《莊子·胠篋》說上古有伯皇氏，《漢書·古今人表》是柏皇氏，這些都是濮人北遷留下的蹤跡。

司馬遷在《史記·西南夷列傳》說：「上使王然於以越破及誅南夷兵威，風喻滇王入朝。滇王者，其眾數萬人，其旁東北有勞、浸、靡、莫，皆同姓相扶，未肯聽。」我認為勞、浸、靡、莫是四種族群：

1. 勞即獠，即侗臺語系的越人。戴裔煊認為獠最早出現在魏晉，西晉張華《博物志》：「荊州極西南界至蜀，諸民曰獠子。」我認為此說不確，獠在上古已經出現，《山海經·海外東經》說東南的勞民國：「其為人黑，或曰教民。」教、勞應是教勞的分化，教勞即仡佬。廣西合浦堂排 1 號墓出土琥珀印有「勞邑執刲」四個字，勞邑即獠人之邑。老撾即寮國，我已指出東漢郭憲《漢武帝別國洞冥記》的婁過國即老撾，也即僚。〔註8〕漢代牂牁郡有漏臥縣，讀音接近。

勞邑執刲印與印文〔註9〕

〔註7〕 周運中：《秦漢歷史地理考辨》，花木蘭文化事業有限公司，2019 年，第 262 頁。

〔註8〕 周運中：《漢武別國考》，《暨南史學》第 13 輯，2017 年。又見周運中：《道士開闢海上絲綢之路》第三章第一節，花木蘭文化事業有限公司，2020 年。

〔註9〕 左圖引自楊式挺：《「朱盧執刲」銀印考釋——兼說朱盧、朱崖問題》，《嶺南文物考古論集續集》，嶺南美術出版社，2011 年。右圖引自蔣廷瑜：《「勞邑執刲」琥珀印考》，《桂嶺考古論文集》，科學出版社，2009 年。

2. 浸的上古音是 tsiəm，即 Y 染色體 D 型的族群，馬來西亞和泰國稱為色芒人 Semang，漢譯為浸。這個族群在六萬年前就走出非洲，曾經廣泛分布在亞洲東部，被晚到亞洲的族群排擠到了青藏高原和日本列島，所以現在主要在藏族和日本人之中，還有一些零星分布在東南亞的山地雨林和偏遠小島，安達曼群島的民族外貌酷似非洲人。四川早期族群鱢叢 dzəm-dzong 和漢代川西高原的族群冉駹 ɲiam-meong 都是這個族群，詳見本書第四章第五節。漢代益州郡的越嶲郡三縫縣（今元謀）、南詔的尋傳城（今緬甸北部）、大理的嵩盟部（今嵩明）、雲南的西盟縣四明山（在今寧波）都是 Semang 的音譯，唐代樊綽《蠻書》卷四《名類》：「裸形蠻，在尋傳城西三百里為窠穴，謂之為野蠻。閣羅鳳既定尋傳，而令野蠻散居山谷。其蠻不戰自調伏，集戰自召之。其男女遍滿山野，亦無君長。作欄檻舍屋。多女少男，無農田，無衣服，惟取木皮以蔽形。或十妻、五妻共一丈夫，盡日持弓，不下欄檻。有外來侵暴者，則射之。其妻入山林採拾蟲魚菜螺蜆等歸，啖食之。」裸形蠻在今緬甸北部，非常原始，很可能是色芒人。還有很多其他史料，我將在另書詳考。

3. 麋是漢藏語系民族，羌族自稱 mi 或 ma，緬族自稱為緬，對應漢語的民，岷山源自羌族的自稱。漢代的味縣在今曲靖，味的上古音接近 mi，南詔的彌勒部在今彌勒，彌鹿部在今瀘西，磨彌部在今宣威。

4. 莫即濮（貊）人，對應上文所說 Y 染色體 C 型族群。《華陽國志·南中志》興古郡：「句町縣，故句町王國名也。其置自濮王，姓毋，漢時受封迄今。」漢代有牂柯郡毋單縣、毋斂縣、益州郡毋棳縣、毋血水（今龍川江）。大理的阿僰部在今建水，僰即濮。

滇國東北的勞在同勞縣（今陸良），浸在收麋收麋縣（今尋甸）與郁鄔縣（今宣威），麋在味縣（今曲靖），莫在毋單縣（今宜良）。這四個族群不可能同姓，其實是因為滇國降服了這四種族群，所以滇王不肯輕易投降漢朝。

唐代樊綽《蠻書》卷四《名類》的撲子蠻：「勇悍矯捷，以青婆羅緞為通身袴。善用白箕竹，深林間射飛鼠，發無不中。部落首領，謂酋為上。無食器，以芭蕉葉藉之。開南、銀生、永昌、尋傳四處皆有，鐵橋西北邊延瀾滄江亦有部落。」撲子蠻顯然是濮人，開南的茫蠻：「茫是其君之號，蠻呼茫詔。從永昌城南，先過唐封，以至鳳藍茸，以次茫天連，以次茫吐薅。又有大賧、茫昌、茫盛、恐茫、蘚茫、施茫，皆其類也。樓居，無城郭，或漆齒，皆衣青布袴，藤篾纏腰，紅繒布纏髻，出其餘垂後為飾。婦人披五色娑羅籠。孔

雀巢人家樹上，象大如水牛。土俗養象以耕田，仍燒其糞。」又有：「黑齒蠻、金齒蠻、銀齒蠻、繡腳蠻、繡面蠻，並在永昌、開南，雜類種也。」茫蠻是南亞語系民族，望苴讀音接近印度南亞語系族群門達人 Munda，應是雲南的南亞語系族群，即今佤族、德昂族、布朗族。開南、永昌之南的諸多部落，多是百越族群。

因為漢人和獠人的關係密切，獠人的文化比濮人發達，所以漢語的僕人源自濮人，幕僚源自獠人，幕僚的地位比僕人高。《史記・西南夷列傳》：「巴蜀民或竊出商賈，取其筰馬、僰僮、髦牛，以此巴蜀殷富。」僰即濮，可見奴僕主要來自濮（僰）人。

古人也明確分辨東部沿海族群，《詩經・魯頌・閟宮》：「至于海邦，淮夷蠻貊。及彼南夷，莫不率從。」淮夷、南夷都是百越族群，蠻是苗瑤族群，貊是濊貊族群，區別清楚，不容混淆。

古人很容易根據體形、服飾、語言、風俗的差異分別不同族群，現代學者需要通過語言學來準確考證古書中的民族。現在有些學者不從這個方法出發，甚至認為古人的民族識別完全不可靠，認為民族完全是虛構出來，這些錯誤觀點自然不能成立。民族認同建立在某個族群絕大多數人體現出的客觀標準之上，不是少數人可以建構出來。

前人發現，浙江安吉上馬山漢墓出土的小銅鼓最接近越南的小銅鼓，寧波出土的戰國羽人划船紋銅鉞最接近嶺南銅鉞。〔註10〕我還發現，寧波出土戰國銅鉞上的雙蛇與羽人划船紋也出現在珠海寶鏡灣岩畫、越南東山銅鉞、日本銅鐸上，武林地名分布在杭州、江西和廣西，這些都證明百越文化確實分布在東海、南海周邊數千里的廣闊範圍內。

戰國時三晉人所寫的《逸周書・王會》記載了東南的東越進貢海蛤，甌人進貢蛇，於越進貢納，姑妹（姑蔑）進貢珍，〔註11〕且甌（具甌）進貢文蜃，共人進貢玄貝，海陽進貢大蟹，會稽進貢鼉（鱷魚），倉吾（蒼梧）進貢翡翠。附錄託名伊尹的四方令也是戰國文獻，說：「正東：符婁、仇州、

〔註10〕蔣廷瑜：《對浙江上馬山小銅鼓的認識》，《廣西博物館文集》第三輯，廣西人民出版社，2006年。楊勇：《論浙江安吉縣上馬山西漢墓出土的小銅鼓》，《東南文化》2017年第1期。

〔註11〕清代何秋濤認為納是魶之誤，俞樾認為珍是珧之誤，《爾雅・釋魚》：「蜃小者珧。」見黃懷信、張懋鎔、田旭東：《逸周書彙校集注》，上海古籍出版社，2007年，第837～838頁。

伊慮、漚深、十蠻、越漚、鬋髮、文身，請令以魚皮之鞞、鰞鰂之醬、鮫𩾇、利劍為獻。正南：甌鄧、桂國、損子、產里、百濮、九菌，請令以珠璣、玳瑁、象齒、文犀、翠羽、菌鶴、短狗為獻。」越漚即甌越，源自越語詞序倒裝。現代福建北部沙埕港疍民還以歐、連、江三姓為主，歐姓源自甌人。鬋髮、文身都是越人的風俗，被西北人誤以為是族名。《淮南子·齊俗》：「故胡人彈骨，越人契臂，中國歃血也。所由各異，其於信，一也。三苗髽首，羌人括領，中國冠笄，越人劗鬋，其於服，一也。」桂國在今廣西，產里即侗臺語的大城，同源字有郴（今湖南郴州）、且蘭（今貴州清鎮）、車裏（今雲南景洪）等，詳見本書第四章第五節。

今本《周禮·秋官》列出蠻隸、閩隸、夷隸、貉隸，以閩代越，我認為這是因為《周禮》的作者在齊魯人，〔註12〕齊魯人最早通過海路熟悉東南的閩地，所以《山海經·海內南經》說：「甌居海中，閩在海中，其西北有山。」也可能是因為《周禮》在秦代重編，秦代首次設閩中郡，此時更加熟悉閩地。閩隸排在第二位，說明此時中原的越人奴隸已經很多。《周禮·夏官》職方氏：「辨其邦國、都鄙、四夷、八蠻、七閩、九貉、五戎、六狄之人民。」各族的數字是中原人根據他們的印象添加，閩的數字比蠻少，說明此時中原人更熟悉長江中游的苗蠻，而不熟悉東南的越地。

早期學者研究百越史，多據文獻記載，廣東興寧人羅香林認為百越出自華夏就是誤信文獻而出現的錯誤，他又撰有研究百越分布、文化、方言、黎族、蜑民、南詔、狼兵、僰夷的文章，合編為《百越源流與文化》。〔註13〕

廣東陽江人戴裔煊的名文《獠族研究》、《干欄考》搜集了豐富的資料，堪稱必讀之作。

廣西容縣人徐松石的《粵江流域人民史》是一部用力很深的著作，結合他的實地考察，有很多重要發現。最有價值的內容是研究源自越語的倒裝地名，地名詞頭帶那、都、思、古、六、羅、雲、板等字。還指出上古北方地名城父、成都、成紀、城潁等，也是受到越文化影響產生，這些觀點都很珍貴。不過很多結論現在看來不能成立，比如他認為苗、瑤、僮族是從北方南

〔註12〕楊向奎、顧頡剛等人認為作者是齊人，另有晉地人、秦朝人說，見李晶：《〈周禮〉成書時代與國別問題研究——基於〈周禮〉所見若干制度的考察》，南開大學博士論文，2007年。我另有專文，論證《周禮》作者是齊魯人。

〔註13〕羅香林：《百越源流與文化》，國立編譯館中華叢書編審委員會，1955年初版，1978年再版。

遷的最正宗上古漢族，這是混淆了南遷的漢族和南方的土著。他認為巴、蜀人都是僮族，西南夷都是僮族，這顯然是混淆了南方多種族群。他的書中還有很多小結論也不能成立，比如荊州源自姜，其實荊州源自荊山，荊山源自荊樹。又如益州源自夷，其實上古音的益是入聲，夷和益的讀音不同。因為徐松石未研究南方其他族群的歷史，未形成完整的歷史研究體系，書中提出的看法太多，往往缺乏證據。

蒙文通的《越史叢考》初衷是針對越南學者陶維英的《越南古代史》，陶著說越族曾經佔據整個長江以南，蒙文通出於愛國主義的需要，駁斥此說，提出南方的楚人不是越人。陶著說越裳是豫章，蒙著認為越裳在嶺南，豫章在江西，駱越在越南，西甌在廣西。我以為這些辯駁雖然有一定道理，但是也有不少問題。蒙文通以為入據交趾的蜀人來自四川，又說入蜀的獠人來自嶺南，距離太遠，缺乏證據，未必可信。〔註14〕越人雖然未曾佔據整個長江以南，但是確實在江南廣泛分布，包括湖南、湖北很多地方。

1980 年，廈門大學召開了第一屆全國性的百越民族史學術研討會，成立了中國百越民族史研究會，出版了《百越民族史》、《百越民族歷史資料選編》、《百越民族文化》等書，〔註15〕又在廈門、桂林、武漢、通什、西雙版納、鷹潭、杭州、凱里、長沙、龍虎山、南寧、合肥、海口、廣州召開了多次學術會議，出版了很多論文集，〔註16〕結合考古與文獻證據，取得了豐碩成果。

〔註14〕蒙文通著、蒙默整理：《越史叢考》，人民出版社，1983 年。
〔註15〕百越民族史研究會編：《百越民族史資料選編》，廣西人民出版社，1988 年。蔣炳釗、吳綿吉、辛土成：《百越民族史》，1988 年。蔣炳釗、吳綿吉、辛土成：《百越民族文化》，學林出版社，1988 年。
〔註16〕百越民族史研究會編：《百越民族史論集》，中國社會科學出版社，1982 年。百越民族史研究會編：《百越民族史論叢》，廣西人民出版社，1985 年。中國百越民族史研究會編：《百越史研究》，貴州人民出版社，1987 年。中國百越民族史研究會、雲南省民族事務委員會編：《百越史論集》，雲南民族出版社，1989 年。彭適凡主編：《百越民族研究》，江西教育出版社，1990 年。浙江省社會科學院國際百越文化研究中心、中國百越民族史研究會編：《國際百越文化研究》，中國社會科學出版社，1994 年。《龍虎山崖墓與百越民族文化》，吉林人民出版社，2001 年。蔣炳釗主編：《百越文化研究》，廈門大學出版社，2005 年。中國百越民族史研究會、廣西壯族自治區文物局、廣西文物考古研究所編：《百越研究》第一輯，廣西科學技術出版社，2007 年。陸勤毅、吳春明主編：《百越研究》第二輯，安徽大學出版社，2011 年。張一平、吳春明、丘剛主編：《百越研究》第三輯，暨南大學出版社，2012 年。中國百越民族史研究會、廣東省文物考古研究所、廣州市文物考古研究所、中山大學人類學系編：《百越研究》第四輯，廈門大學出版社，2015 年。

　　關於百越歷史的研究，傳統的方法是用歷史文獻結合語言學、民俗學、考古學、地理學等學科。近年來分子人類學異軍突起，生物學者用最新的基因檢測結果重新解釋歷史，歷史學者也積極結合生物學的成果重寫民族史，徐傑舜、李輝合著的《嶺南民族源流史》就是這種合作的代表成果。〔註17〕

　　此書展示了分子人類學的諸多成果，改變了我們對歷史的認識方法。此書認為，南島語系民族與侗臺語系民族的共同祖先生活在華南沿海，Y染色體單倍群O2a的形成時間早於百越民族代表性單倍群O1，O2a有北部灣沿岸與四川盆地兩個中心，而O1僅有北部灣一個中心。在最晚一次盛冰期，北部灣一帶是陸地，百越族群產生於北部灣。進入全新世，來到大陸的O1群體分散到各地，而留在海南島上的O1群體保持了比較古老的狀態。百越民族中，最早分出的是黎族，在1萬年前。其次是臺灣的高山族，其次是馬來族。再次是仡佬族，北遷貴州。再次是侗水、臺灣平埔族與中國東南各省的越人，壯傣民族形成最晚。

　　卡岱族群（仡央語支民族）可以分為兩類，一類是仡佬族群，O1比例很高，另一類是布央、木佬、夜郎、布更、普標等族，以O2a為主，說明這一族群是仡佬族群征服各族形成，很可能因此形成夜郎國。夜郎國滅亡後，被夜郎征服的小族向西南遷徙，仍然保留夜郎之名。

　　侗水族群是嶺南人群中最核心的部分，其起源地原來應在嶺南人群的中心位置，所以其最初應在今廈門與潮汕一帶，後來西遷。

　　壯族的血緣主要表現為東西差異，很可能是從東向西遷徙，各支系的中心在紅水河人群。

　　現在福建人的O1比例在南方最低，甚至比浙江人還低，所以很可能是因為漢武帝確實把閩越人遷出福建。

　　以上是《嶺南民族源流史》的主要發現，我以為這些劃時代的生物學發現將改寫我們的民族史。但是生物學檢測要和極為複雜的歷史學文獻結合，非常困難。如果結合不當，就不能得出正確的結論。我以為上述生物學檢測結果非常重要，但是這些檢測結果與歷史文獻的具體結合之處，仍然值得商榷。

　　此書認為現代福建人父系血緣源自越人的成分很少，是因為漢武帝把閩越人遷出福建。我認為這個看法顯然不能成立，因為漢代的自然與社會狀況

〔註17〕徐傑舜、李輝：《嶺南民族源流史》，雲南人民出版社，2014年。

和後世相差極大，當時南方非常濕熱，漢人極少。漢朝在福建從未建立有效統治，漢武帝自然不可能把多數閩越人遷出福建，遷走的不過是一些王族和閩北民眾。福建和嶺南的差別很大，秦始皇在嶺南設三郡與數縣，屯兵數十萬，所以秦末趙佗建立南越國，漢代在嶺南設立更多郡縣。但秦代設閩中郡的情況僅有一句話，很可能是羈縻之地。兩漢四百年僅在閩江口設一個冶縣，作為漢人來往浙江與廣東的海上補給站。〔註18〕六朝福建有十多個縣，而廣東縣數仍是福建數倍。福建漢人仍然很少，唐代陳元光、王審知率大軍進入福建，娶土著女子為妻，所以現在福建人的父系血緣源自北方的比例較高，而母系血緣源自南方土著的比例較高。所以福建人父系主要源自中原，不能用漢代的歷史來解釋。

關於百越的早期分布，《嶺南民族源流史》繪製了 10000 年前、8000 年前、5000 年前、3000 年前四幅圖。認為 10000 年前，仡央族群住在廣西的東南部，其西是雒越，南部是馬來人。8000 年前，侗水族群住在廣東的東部與福建的南部。5000 年前，仡央族群北遷到廣西的北部，侗水族群（南越—貝）西遷到廣東的西北部，福建、浙江出現閩越、東甌。3000 年前，仡央族群在貴州建立夜郎國，廣西的南部出現西甌。

我以為這些看法大有問題，雒越、西甌、閩越、東甌、於越是何時出現？這些歷史文獻記載的族群和語言學、生物學的族群劃分如何結合？如果我們不能把史書記載的族群劃分和語言學、生物學的族群劃分有效結合，就無法真正破解史學難題，無法書寫全新的民族史。很遺憾，《嶺南民族源流史》未能從事這種有效的結合，全書未能告訴我們雒越、西甌、東甌、閩越、於越、烏滸這些史書記載的族群劃分如何對應語言學、生物學的族群劃分。此書第三篇第一章第五節簡述文獻記載的百越支系，未能深入解析史料，復原族名古音，所以不能把文獻記載和語言學、生物學有效結合。此書甚至把駱、甌駱、駱越並列，學術界關於西甌與駱越的關係有不同看法，但是沒有人把駱與駱越並列，駱就是駱越。全書在回顧各族來源的研究時，列舉一些嶺南各族源自北方漢族的過時說法，現在早已無人再信。

在具體研究各族來源時，此書也未結合語言學的研究成果，因而停留在古代中原漢人用漢語的字面意思解釋南方族名的境地。比如此書認為壯族的

〔註18〕周振鶴：《從歷史地理角度看古代航海活動》，《周振鶴自選集》，廣西師範大學出版社，1999 年。

名字來自漢語的瞳,瞳是源自北方的政區。我以為此說根本不能成立,語言學家早已指出壯族的名字源自他們的自稱 tsuung。〔註19〕瞳在古代也不是政區,現在北方地名中的瞳是村、屯的晚出異體字,元代才在文獻大量出現。廣西河池古代的里下又分為瞳僅是一個晚出的特例,也不可能稱為整個壯族的族名由來。

侗水族群的基因在百越族群的中間,但是我們不能說 8000 年前的侗水族群就在今廣東的東部和福建的南部,這個位置或許偏東。侗水族群的原居地應該靠近今珠江三角洲,唯有如此,其族群的主體才能在後世遷居到今天的貴州的東部和湖南的西部。

其實我們可以把史書記載的族群與語言學、生物學的族群對應,這需要我們掌握豐富的史料與音韻學知識,具備文獻校勘學的功底,結合地理學的視角,吸納考古學的成果。

本書認為百越族群最初分化為五大群體,對應語言學所說的南島語系和侗臺語系的黎語支、臺語支、侗水語支、仡央語支。南島語系向東遷入臺灣島,再向南遷入南洋各地。黎語支族群最為古老,一直留在海南島。臺語支(壯傣)族群原先在華南沿海,侗水語支族群原先在珠江下游。仡央語支(卡岱)族群北遷到南嶺,東遷形成勾吳、東甌、溪人等東方群體,西遷形成仡佬、烏滸等西方群體,再征服貴州西南部的諸多異族,形成夜郎國。仡央語支北遷後,侗水族群在漢族的壓力之下,北遷到廣西的東北部,又北遷到貴州東部等地。臺語支族群從華南沿海向西擴展,形成壯族、傣族等民族,部分向東擴展形成閩越等族,傣族又向南擴展形成泰族,向西擴展到緬甸撣邦和印度東北部等地。

本書先考證越的語源來自低地、海洋,指出越人之中分出巴人、漢人,再考證上古仡央族群、壯侗族群的位置,最後考證秦漢以來,漢文化南遷壓力下的越文化變遷。

〔註19〕李錦芳:《侗臺語言與文化》,民族出版社,2002 年,第 44 頁。

第一章　越的語源是低地、海洋

　　越的本義，前人或以為源自越人的工具戉，戉字就是戉的象形字。戉源自有有肩石斧，金屬時代演變為鉞。還有一種各地越人都有的斜形鉞，又變異為靴形鉞，這種鉞源自早期的尖形和靴形石犁，而不是源自石錛、石斧，其實不應該稱為鉞。在廣西的隆安、柳江、大新、龍州等縣的遺址發現很多所謂的大石鏟，材質精美，顏色多樣，作為祭祀的禮器，有時會圍成一圈，插在地上，可能是祭祀農神。這種大石鏟也是源自有肩石斧，其肩部有時會變異為複雜的造型。海南島定安縣蹲虎嶺等地也出土了類似的大石鏟，很可能是廣西的壯族移民帶來，海南島北部的土著臨高人是壯族分支。

林惠祥收集的臺北圓山遺址有肩石斧

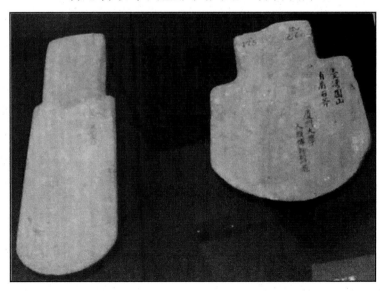

　　我以為越人源自戊的觀點是因果顛倒，戊是因為越人得名，而不是相反。世界上很少有哪個民族因為某種生產工具得名，相反，我們看到無數器物源自族名的例子，最著名的例子就是西方人稱瓷器為 China，源自中國 China。再比如開司米，源自克什米爾。因為古代交通不便，物品交流不易，所以古人得到某種物品，自然用傳播者的名字來命名。

餘杭安溪出土良渚文化石犁

廣西防城港靴形銅鉞

廣西出土的大石鏟

海南省博物館藏大石鏟

第一節　倭、穢、沃沮、越是同源字

越的上古音是 uat，接近倭、穢的語源 wata 或 wat，古代朝鮮半島的穢，又名倭。《山海經·海內北經》說：

　　蓋國在巨燕南，倭北，倭屬燕。

　　朝鮮在列陽東，海北山南，列陽屬燕。

巨燕是大燕，《史記·匈奴列傳》：「燕有賢將秦開，為質於胡，胡甚信之。歸而襲破走東胡，東胡卻千餘里。與荊軻刺秦王秦舞陽者，開之孫也。燕亦築長城，自造陽至襄平。置上谷、漁陽、右北平、遼西、遼東郡以拒胡。」《朝鮮列傳》：「自始全燕時，嘗略屬真番、朝鮮，為置吏，築鄣塞。」燕國疆域擴展到朝鮮，蓋國在今朝鮮北部，今有蓋馬大山，高句麗《好太王碑》有勾牟城，即唐代的蓋牟城，在今撫順。其南的倭不是日本，而是漢代的穢與沃沮，沃沮的上古音是 ok-tsia，穢是 iuat，讀音很近，而倭的上古音 iuai 很接近穢。

朝鮮的倭，還有一證，《後漢書·烏桓鮮卑列傳》說鮮卑：「種眾日多，田畜射獵不足給食，檀石槐乃自徇行，見烏侯秦水廣從數百里，水停不流，其中有魚，不能得之。聞倭人善網捕，於是東擊倭人國，得千餘家，徙置秦水上，令捕魚以助糧食。光和中，檀石槐死，時年四十五，子和連代立。」有學者提出此處的倭人是汗人之誤，因為《三國志·東夷傳》裴注引《魏書》說：「聞汗人善捕魚，於是檀石槐東擊汗國，得千餘家，徙置烏侯秦水上，使捕魚以助糧。至於今，烏侯秦水上有汗人數百戶。」此處倭人作汗人，有學者認為汗人是韓人。〔註1〕

〔註1〕沈仁安：《日本起源考》，崑崙出版社，2004年，第17～21頁。

我以為鮮卑人俘虜的是倭人，不是韓人。因為酈道元《水經注》卷十四《大遼水》說：「白狼水又東北，逕昌黎縣故城西。《地理志》曰交黎也，東部都尉治，王莽之禽虜也。應劭曰：今昌黎也。高平川水注之，水出西北平川，東流逕倭城北，蓋倭地人徙之。」據楊守敬《水經注圖》，倭城在今遼寧省喀喇沁左翼蒙古族自治縣北部，酈道元是北魏官員，熟悉北方地理，他記載鮮卑先祖之事，不會有錯。汗和污的字形極近，古書經常發生訛誤，汗人應是污人，而污的上古音是影母魚部 a，很接近倭的讀音 ua。

檀石槐控制東西萬里，到達今朝鮮北部，但是從此渡海斷非易事，所以他俘虜的倭人就是朝鮮北部的穢人。

污、窊、窪、穢是同源字，〔註2〕地勢低窪的地方，易生污水，當然污穢。當然，倭、穢民族不是因為髒得名，這是漢語音譯。《三國志》卷三十說濊人：「多忌諱，疾病死亡輒損棄舊宅，更作新居。」可見濊人不污穢，倭人也愛潔淨。

鮮卑人俘倭是因為倭人擅長捕魚，史書說沃沮、穢濱海，《魏志‧東夷傳》說穢：「其海出班魚皮。」又說：「今倭水人好沉沒捕魚蛤。」《說文》：「魵，魚名，出薉邪頭昧國。」《爾雅‧釋魚》：「魵，鰕。」郭璞注：「出穢邪頭國。」邪頭昧國即樂浪郡邪頭昧縣，在朝鮮東北海岸。沃沮、穢、倭都是因為濱海而得名，海的讀音就是 wata。

第二節　越的語源是窪、海

倭、穢、沃沮源自 wata，古日語的海讀 wata，日本最早的史書《古事記》說伊邪那美生出海神大綿津見神，本居宣長《古事記傳》卷五：「關於大綿津見神的名義，根據師說，綿 wata 者即海 wata，津是助詞，見 mi 是毛智 mochi 的簡化，所以綿津見即海津持之意。」海神的古日本語是海つ持，讀作 wata-tsu-mochi。《古事記》說伊邪那岐祓禊時，生出海部氏族的祖先阿曇連，讀作 azumi，即海つ持的轉化。〔註3〕日語的綿也讀 wata，而綿花來自南洋，顯然是因為南洋的航海者把綿花傳入日本。

日語的海 wata，接近朝鮮語的洋 bada，也接近南島語系薩摩亞語的洋

〔註2〕王力：《同源字典》，北京：商務印書館，1987 年，第 119～120 頁。
〔註3〕〔日〕木宮泰彥著、胡錫年譯：《日中文化交流史》，北京：商務印書館，1980年，第 9 頁。

vasa、斐濟語的 wasa 與馬來語的海 laut，因為現在越人的 Y 染色體主要類型 O1 在日本很少，所以這個詞不知是否來自南洋。因為古人很早就認識海洋，所以海洋這個字也應該有一個古老的共通語。挪威語的洋是 verdshav，丹麥語的洋是 wereldzee，芬蘭語是 valtmeri，北歐的語言也比較接近 wata，特別是烏拉爾語系中的芬蘭語的 valt。烏拉爾語系民族的主要 Y 染色體類型 N，最接近亞洲東部的主要染色體 O，所以這種語言上的接近或許不是巧合。

漢語的活，原來特指水的流動，上古音的活是 kuat，這個字對應印歐語的水，比如英語的 water，音近日語、朝鮮語的海。

這個海字在漢語中另一個對應的字是溟，漢語的海、洋、瀛的讀音與此無關，但是溟字的讀音很接近，溟通泯、沒，沒的上古音是明母物部 muət，沒即水淹，意義也通。其實海的意義也通，因為海通晦，上古常把海寫成晦，秦代的封泥官印的海寫成晦，晦、冥都是黑暗。

溟是齊語，齊人把北海（渤海）稱為北溟，〔註4〕《莊子·逍遙遊》引齊諧說北溟有魚，《左傳》昭公二十九年（前 513 年）蔡墨說：「故有五行之官，是謂五官。實列受氏姓，封為上公，祀為貴神。社稷五祀，是尊是奉……水正曰玄冥……少皞氏有四叔，曰重、曰該、曰修、曰熙，實能金、木及水……修及熙為玄冥，世不失職，遂濟窮桑。」玄冥來自少皞氏，也是來自山東，靠近朝鮮、日本。漢代樂浪郡有海冥縣，在今朝鮮海州。

越的語源是 wata，本義是低窪之地。因為大海是最低窪的地方，所以從低窪之地引申為海洋。越人原來生活在低窪多水的地方，特別是在華南的海岸，故名越人。分子人類學檢測越人起源於海岸，但是人類是從陸地發展到海岸，所以越的最根本含義應是低地，而非海洋。所以我們既可以說越的最根本含義是低地，也可以說越的本義是海洋，二者不矛盾。

唐代樊綽《蠻書》卷二說自永昌（今保山）之越賧，要經過高黎貢山。卷六：「自瀾滄江已西，越賧撲子，其種並是望苴子……越禮城在永昌北，管長傍、藤彎。」卷七：「馬，出越賧川東面一帶，崗西向……故代稱越賧驄……犀，出越賧、高麗。」越賧在今騰沖，其東是產馬的高黎貢山，越禮城在今保山之北。現在保山西北的高黎貢山之東還有傣族，有芒龍、芒寬、芒黑、芒柳、芒顏、芒旦等傣族地名在怒江河谷，因為河谷較熱，所以傣族沿河谷分布。騰沖現在還有傣族，騰沖的西北部馬站鄉二龍山、古永鄉蘇江、大橫

山都出土過銅鼓，〔註5〕說明越巂、越禮城很可能因為越人得名。漢代越巂郡在今四川南部，都說明越的名字可能很早出現。騰沖東部有高黎貢山，高黎貢也和仡佬、高麗、高涼等族名同源，第四章再論證。

騰衝出土的銅鼓

〔註5〕 雲南省文化廳編著：《中國文物地圖集》云南分冊，雲南科技出版社，2001
　　　　年，圖片第 146～147 頁、文字第 264 頁。

－18－

第二章　伏羲、布依、武夷源自魚

　　兩萬年前，地球還在冰期，那時的中國西南氣候溫暖，所以成為中國文明真正的誕生地。一萬多年前，冰期結束，中國人大舉向原本寒冷的華北遷徙，在大平原上建立了更發達的文明。今天的西南仍然是中國物種和人種最多的地方，自然資源豐富，歷史文化深厚，生態環境優美。

第一節　伏羲、布依、武夷同源自魚

　　中國人都知道遠古的民族祖先伏羲和女媧，《周易・繫辭傳下》說神農氏之前：「包犧氏之王天下也，仰則觀象於天，俯則觀法於地，觀鳥獸之文，與地之宜，近取諸身，遠取諸物，於是始作八卦，以通神明之德，以類萬物之情。作結繩而為網罟，以佃以漁。」《世本》說伏羲發明琴瑟，以鹿皮為嫁娶之禮。可見伏羲氏的年代很早，而且是中國文明的開創者。《莊子・人間世》提到伏羲，同書的《大宗師》提到伏戲氏，《淮南子・覽冥》在女媧補天之前提到慮戲氏，包犧、伏戲、慮戲都是伏羲。

　　屈原的《楚辭・天問》說：「女媧有體，孰制匠之？」屈原說女媧造了人，誰創造了女媧？《禮記・明堂位》說到女媧之笙簧，直到現代學者發現伏羲、女媧的傳說源自西南民族，才明白女媧笙簧的由來，因為竹笙是西南很多民族的樂器。這就是女媧傳說最早源自楚地的原因，因為楚人靠近西南民族，所以女媧補天的傳說最早出現在楚地的《淮南子》。

　　清代陸次雲《峒溪纖志》說：「苗人臘祭曰報草。祭用巫，設女媧、伏羲位。」現代人類學家考察發現，苗族傳說祖先的兄妹成婚，男的是 bu-i，女的

是 ku-eh，讀音非常接近伏羲、女媧，bu-i 也接近布依族的名稱。上古漢語沒有輕唇音，伏的讀音接近 bu，所以伏羲又寫成包犧、伏戲、處戲。

貴州省民族博物館所藏笙與葫蘆笙

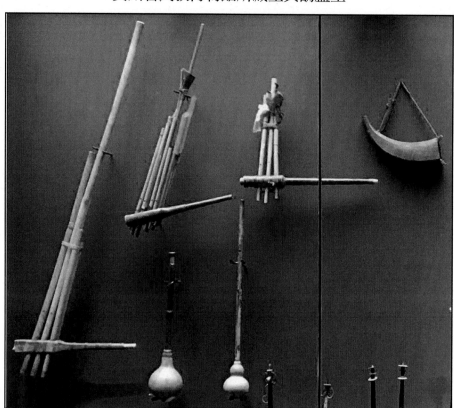

我最近在貴州省民族博物館參觀時，看到了臺北故宮博物院收藏的清代謝遂繪製《職貢圖》第四卷複製品，畫出了仲家苗（布依族）的形象，文字說：「祭尚枯魚，歲時擊銅鼓。」清代毛貴銘《黔苗竹枝詞》自注：「補籠、狆家與卡尤略同，喪亦屠牛，孝子不食肉，惟啖魚蝦。祭用魚，葬者以纈蓋墓上，期年乃焚之，臘月為歲首。擊銅鼓為歡，在定番、廣順。」〔註1〕

我忽然想到司馬遷在《史記・封禪書》中說，祭祀武夷君用乾魚。乾魚就是枯魚，而武夷的上古音接近 bu-i，語言學家把武的上古音構擬為 mu，m 和 b 都是唇音，現代閩南語仍然把武讀成 bu，所以武夷就是布依。

〔註1〕 王利器、王慎之、王子今輯：《歷代竹枝詞》，陝西人民出版社，2003 年，第 2254 頁。

　　武夷山本來就是越人居住地，有懸棺葬，北宋樂史《太平寰宇記》卷一百一建州建陽縣武夷山條，引南朝蕭子開的《建安記》說武夷山：「有石壁，峭拔數百仞於煙嵐之中，其間有木碓、磨、簸箕、籮、箸、什器等物，靡不有之……欄杆山與武夷山相對，半岩有石室，可容六十人，岩口有木欄杆，飛閣棧道，遠望石室中，隱隱有床帳、案几之屬。岩石見悉生古柏，懸棺仙葬，多類武夷。」懸棺葬在中國南方分布廣泛。

謝遂《職貢圖》的仲家苗　　　　　　補籠苗

　　武夷山和貴州的布依族，雖然在現代看來距離遙遠，但是古代的文化則是連為一體。現在廣西的西北部壯族與布依族都是自稱為 pou jai，布依族和壯族的關係最為接近，而壯族原先分布到南嶺一帶。

　　這種祭祀乾魚的風俗源自哪裏呢？我想到《山海經·大荒西經》的末尾說西南方：「有魚偏枯，名曰魚婦，顓頊死即復蘇。風道北來，天乃大水泉，蛇乃化為魚，是為魚婦。顓頊死即復蘇。」

　　枯魚就是布依族祭祀的枯魚，魚婦就是晉代常璩《華陽國志》記載的四川上古民族魚鳧，奉節在漢代叫魚復縣，現在還有魚腹浦。

　　魚婦、魚鳧、魚復、魚腹都是漢語的音譯，其實和婦女、鳧（野鴨）、復蘇、腹部沒有任何關係。魚復的原義可能是魚泉，因為壯語的泉水是布，傣語是蚌，漢語的噴、濆是同源字，意大利語的泉水 fonte 也是同源字。復蘇是

中原人對魚復的望文生義，魚泉湧出的魚本來就是活魚。四川著名學者任乃強，說他在四川寶興縣魚泉，親眼看到湧出的魚，因長期缺氧，很久才復蘇。他還說梁平、開縣都有魚泉，湘、黔之間尤其多。〔註2〕其實這是他的誤解，魚脫離水，本來就不活躍，所以出現僵化和復蘇的假象。

魚從泉水中流出，源自西南岩溶地貌的一種奇特現象。西南很多地下河在雨後會從泉口流出，湧出很多魚，所以稱為魚泉。重慶雲陽、南川、開州、武隆、秀山、黔江、石柱、酉陽、貴州遵義、綏陽、石阡、鳳岡、湄潭、松桃、沿河、德江、正安、務川、道真、湖北恩施、利川、鄖縣、五峰、四川綿陽、大邑、滎經、廣西南丹、湖南桑植等地，都有魚泉地名。重慶秀山、巴南、湖北、湖南鳳凰、古丈、瀘溪、陝西商洛、商南、山陽、鎮安、四川自貢、雲南華坪、昭通、威信、鎮雄、會澤、馬關、貴州貴陽、丹寨、紫雲、凱里、貴定、畢節、印江、廣西柳州、隆林，有很多魚洞地名。

重慶萬州原名魚泉縣，《太平寰宇記》卷一四九萬州南浦縣：「後魏廢帝元年，分朐忍之地，置魚泉縣，以地土多泉，民賴魚罟為名。」

神農架的魚泉，每年第一場春雨之後，會湧出很多魚。《華陽國志》說漢中郡沔陽縣（在今陝西勉縣）：「有魚穴，清水出鱣，濁水出鮒，常以二月、八月取。」二月是春雨多發時，八月是夏雨多發時，所以會湧出魚。這個魚穴應該是今略陽縣東部的魚洞子，靠近勉縣。

有的魚泉是三月出魚，《太平寰宇記》卷一四一商州上津縣：

> 嘉魚穴，在縣東北一百五十里。穴口闊三尺，常有水，至上巳
> 日，即有群魚出穴，大者一尺許，名曰鱒魚。

上津縣城在今湖北省鄖西縣，其東北150里可能是今山陽縣的魚洞。《山海經・南次三經》雞山的鱒魚類似鮒魚，印證《華陽國志》的鮒魚。《詩經・小雅》有《南有嘉魚》，商洛正是在陝西的南方。

峨眉山的語源應是魚門山，《太平寰宇記》卷七四眉州峨眉縣：

> 峨眉山，按《益州記》云：「峨眉山，在南安縣界。兩山相對，
> 狀似峨眉。張華《博物志》以為牙門山。東峰有石穴，深數里，出
> 鍾乳。常有人持火入穴，有蝙蝠大如箕，來撲火。穴中有水流，冬
> 夏不歇。此山之外，又有小峨眉山。」

眉州羅目縣：

〔註2〕任乃強：《華陽國志校補圖注》，第81頁。

　　　　夷惜水，在縣東北五十里。源出巂州界，中有嘉魚，長三尺，
　　每年二月人隨水而下，八月逆水而上，入穴。《蜀都賦》云，嘉魚出
　　於丙穴，蓋此也。

　　峨眉山，又作牙門山，魚的上古音是 nga，讀音同牙，所以應該是魚門山。
因為有溶洞，其南的夷惜水就有入穴的魚。

　　嘉魚的名字應該是來自南亞語系族群，魚的德昂語是 ga，布朗語、佤語
是 ka，音譯為嘉 ga。〔註3〕

　　魚婦誤為五婦，《水經注》卷三二《梓潼水》：

　　　　縣有五女，蜀王遣五丁迎之，至此，見大蛇入山穴，五丁引之，
　　山崩，壓五丁及五女，因氏山為五婦山，又曰五婦候，馳水所出。

　　五、魚的上古音都是 nga，候的上古音 ko 接近岡，佤語的山是 gong，讀
音接近。《太平寰宇記》卷八四劍州梓潼縣：「五婦山，在縣北一十二里。」《山
海經》說北風吹來，地下湧出大水，蛇變成了魚，其實是指南北的冷暖氣流
形成鋒面雨，古人不能解釋魚從地下湧出的原因，認為是蛇變成魚。古人下
葬時口含玉魚，象徵財富和復生。

　　隋代在今四川營山縣的東北設伏虞縣，以伏虞山得名，我認為伏虞即布
依、伏羲，讀音接近。

　　雲南石寨山出土了魚首青銅杖，四川涼山出土了鳥首魚紋青銅杖，總體
造型非常類似浙江紹興出土的越國鳥首青銅杖，上面刻有很多小魚，很可能
是巫師祈求捕獲魚類的祭祀用品。漢代越巂郡治在邛都縣（今西昌），我已
論證邛人是越人，《後漢書·西南夷列傳》說邛都：「俗多游蕩，而喜謳歌，
略與牂柯相類。」牂柯郡主要是越人，邛池即今西昌邛海，注引《南中八郡
志》說多大魚。〔註4〕西昌盆地氣候腳暖，所以越人沿安寧河谷北遷。

　　浙江餘姚河姆渡遺址也出土了一件魚首木杖，類似雲南的魚首青銅杖，
很可能也是巫師祈求捕獲魚類所用。不過形制較小，年代較早。雖然距離較
遠，但都是百越文化。因為年代較早，所以造型比較簡單。

　　遼寧省博物館藏有一件權杖，前人認為是鳥形，我認為暫時不能確定，
也有可能是鳥形。關於越人的鳥首柱崇拜，本書第八章第一節再證。

〔註3〕　顏其香、周植志：《中國的孟高棉語族語言與南亞語系》，社會科學文獻出版
　　　　社，2012 年，第 92 頁。
〔註4〕　周運中：《秦漢歷史地理考辨》，第 201 頁。

雲南晉寧石寨山青銅魚杖　　四川涼山的魚紋
　　　　　　　　　　　　　　鳥首青銅杖

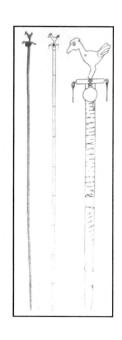

餘姚河姆渡出土魚首木杖複製品　　紹興出土青銅鳥
　　　　　　　　　　　　　　　　首杖

紹興出土鳥柱銅屋

遼寧省博物館藏鳥形權杖與線描圖

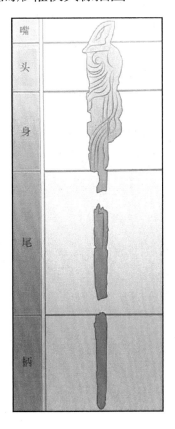

　　陝西寶雞竹園溝、茹家莊的西周魚國墓地出土的一些陶器、銅器和四川的十二橋文化關係密切，竹園溝出土的盤蛇形銅泡，造型非常接近成都金沙遺址出土的盤蛇形金箔。竹園溝出土的銅爵銘文覃父癸和彭縣竹瓦街出土的銅觶銘文覃父癸一致，竹瓦街的青銅器以罍為主，罍和尊的造型也類似寶雞出土的器物。竹瓦街出土的銅觶有銘文牧正父己，寶雞竹園溝出土的銅觶有銘文父己，隴縣韋家莊西周墓出土的銅尊有銘文牧正。茹家莊出土的銅人，造型類似三星堆出土的銅人。所以魚國人很可能是從四川北遷的族群。周武王伐商時，有很多西南族群參加，寶雞是陝西通往西南的咽喉要地，所以很可能因此有西南族群在西周初年北遷到寶雞。

　　竹園溝還出土了大量青銅魚飾品，前有圓形穿孔，有些穿孔還有絲繩痕跡。茹家莊出土了獨特的青銅魚尊，這些都是在中原很難看到的禮器。魚國之南的漢中就有很多魚泉，所以魚國的名字很可能來自西南的魚崇拜。

1988 年寶雞茹家莊出土的魚尊

1980 年寶雞竹園溝出土的銅魚

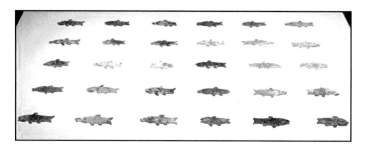

　　既然布依族的魚乾崇拜源自岩溶地貌，而岩溶地貌在雲南中部以東才有，我們就可以確定這種崇拜是遠古時期從雲南省東遷以後才有。

現在中國東南很多方言，魚的讀音仍然接近布依，壯語的魚是 bya，接近布依。古人稱西南的魚泉為丙穴，丙的讀音就是源自魚 bya。伏羲是鱗身，也即魚身。東漢王延壽《魯靈光殿賦》說：「伏羲鱗身，女媧蛇軀。」隋代李善注引《列子》：「伏羲、女媧，蛇身而人面。」《玄中記》：「伏羲龍身，女媧蛇軀。」

烏拉爾語系族群的 Y 染色體 N 型最接近漢藏語系、侗臺語系、南島語系的 O 型，源自中國。芬蘭語的魚 ryba 接近壯語的 bya，泰語是 bpla，突厥語是 balik，都接近伏羲、布依 bui。

印歐人的 Y 染色體 R 型源自現在主要分布在東北亞和東南亞的 P 型，說明印歐人也是源自東亞。所以印歐語的魚讀音也很接近，印地語的魚 māhī 非常接近 bahi，也即伏羲。波斯語是 masya，阿爾巴尼亞語是 peshk，希臘語的 psari，英語的 fish，因為 b、p、m、f 都是唇音，讀音接近，所以發生了細微的轉變，但是總體上不變。

第二節　伏羲、女媧來自雲南

伏羲是布依，那麼女媧可能是佤族，讀音接近。唐代樊綽的《蠻書》卷八說白蠻語：「山謂之和。」和字的上古音接近佤，比如日本人自稱和族，就是源自倭字的雅化，讀音就是 wa，所以佤的意思或許是山上的人。華夏源自華山，華山的華就是西南民族的山，讀音就是 wa。

佤族是古老的南亞語系民族，雲南滄源縣有佤族的岩畫。現代分子人類學發現，布依族所屬的侗臺語系民族 Y 染色體 O2 和南亞語系民族的 Y 染色體 O1 最為接近，這兩支人群大概在兩萬多年前分離。當時人口稀少，侗臺語系和南亞語系兩支人群應該是在雲南中部形成的兩個互相通婚的部落，也就是人類學家所說的胞族。佤族又有自稱布饒的支系，讀音非常接近布朗，布朗族也是南亞語系民族，布郎、布依的布都是人，壯族自稱布壯。布朗是河谷的人，唐代樊綽《蠻書》卷八記載白蠻語：「谷謂之浪。」所以布朗的佤族是同一民族的分化，住在山上的是佤族，住在河谷的是布朗族。

黔西南歷史上曾經有補籠苗，讀音接近布朗。謝遂的《職貢圖》說補籠苗是五代時楚王馬殷從柳州帶來的士兵，這個說法顯然是明清時期當地民族漢化的附會。圖上的補籠苗敲擊銅鼓，顯然不是苗族，因為古人把貴州所有民族泛稱為苗，甚至出現《百苗圖》。明代初年在補籠苗之地，設安龍所，南

明永曆設安龍府,清代改為南籠廳、南籠府,1913 年改為南籠縣,1922 年改為安龍縣。東遷貴州的布朗族現在融入了仡佬族和布依族,下文再考。

佤族的居住地緊鄰布依族,他們很可能源自在遠古時期從雲南省東遷到黔西南的兩支通婚部落。伏羲和女媧通婚的故事,源自侗臺語系布依族和南亞語系佤族的祖先通婚,其源頭可以追溯到兩萬多年前的雲南和貴州一帶。

傣族稱德昂族為 polong,意思是水上的人,音譯為崩龍族,1985 年正式改名為德昂族,現在英文族名是 palaung。西雙版納布朗族自稱 plang,滄源、耿馬、雙江、瀾滄等縣的佤族自稱 parauk,讀音接近。

布依、布朗的布是人,布朗就是郎人,布依就是依人。朗源自龍,也即蛇,傳說女媧是蛇身,有學者提出,涼山彝語的蛇是 baha,對應伏羲的上古音。藏語的龍是 brug,景頗語的龍是 bren,蒙古語的龍是 luu,朝鮮語的龍是 mireu,讀音接近漢語的龍和布朗,說明這個詞非常古老。這可以解釋伏羲和女媧蛇身,也對應《山海經》說魚婦(枯魚)是蛇變成。壯族傳說祖先是布洛陀,其實也是源自布朗(龍)。南部壯族自稱為儂 nung,也是源自龍。蛇變成魚,其實是隱喻布朗(龍)和布依(魚)兩個世代通婚的同源胞族是一體。宋元時期布依族最大的是龍番,姓龍。

宜賓博物館藏漢伏羲女媧石刻拓片　　新疆吐魯番阿斯塔納出土唐伏羲女媧像

現在日本的南詔國名畫《南詔中興畫卷》，又名《南詔圖傳》，《圖畫卷》的末尾有《西洱河圖》，畫出兩條纏繞的蛇，中間有魚和螺。雖然圖上說雙蛇指兩條河，但是雙蛇纏繞的形象來自遠古的圖像。現在我們可以看到大量漢代畫像石上的伏羲、女媧就是雙蛇纏繞，西方也有類似的雙蛇纏繞圖像。

臺灣中部山地的布農族是島上的古老民族，顯然也是源自布朗，布農族崇拜百步蛇，證明布朗的原義很可能源自蛇崇拜。

南詔國《西洱河圖》

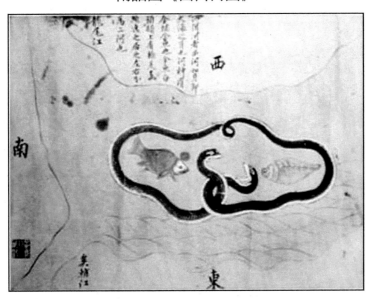

雲南西盟佤族自治縣的猛梭龍潭，緊靠西盟縣城，是一個高山淡水湖，是佤族崇拜龍神的聖地，潭水被看成是聖水，人們在龍潭求雨。傳說遠古龍潭是一個村寨，村民吃了井中的一條鯉魚，全村唯獨一個寡婦和她的孩子沒有吃，這條鯉魚是龍王的小女兒，龍王掀起大水，淹沒了村寨，寡婦和她的孩子幸存下來。這個傳說的本質是告誡村民不能食用鯉魚，證明鯉魚是龍神的象徵，類似的故事在世界很多地方都有。佤族稱龍神為龍摩爺，摩是神靈。

在西盟縣南部緊鄰的孟連縣娜允傣族，每年 4 月有神魚節，人們湧入河中捉魚。我認為這是迎接春天，萬物復蘇。魚被人類看成財富的象徵，有數萬年的古老傳統。

龍潭附近是木依吉神谷，木依吉是佤族的大神，我認為木依吉和讀音非常接近布依，木依吉和伏羲的大神地位也很吻合。西盟、孟連縣的佤族曾被

稱為生佤，原先非常原始，一直有獵人頭的傳統。人們在木依吉神谷，用人頭祭祀龍摩爺。直到 1958 年，政府才嚴禁佤族獵人頭。現代改用牛頭祭祀，山谷中的樹上掛有幾千個牛頭。

本書第四章第二節將揭示，西盟、孟連縣的佤族自稱外喻，即印歐人水神猰貐 aruna 的由來，外喻也是古代南方重要民族烏滸人的由來，證明佤族在人類文明史上有非常重要的地位，世界上很多民族包括漢藏語系、侗臺語系、南島語系、印歐語系、阿爾泰語系民族都是從這一地域走出。西盟縣在大黑山的西部，朝向印度洋，降水豐富，在冰期時代是人類繁衍的佳地。

傳說伏羲的母親華胥氏，出自雷澤，履大足跡，而生伏羲。其實華胥就是外喻、猰貐 aruna，這就證明伏羲出自大澤的傳說也是源自遠古的雲南，猛梭龍潭就是大澤的重要原型。

在大佤山最早形成的是龍部落，包括各個氏族，其中有魚氏族，所以說鯉魚是龍王的女兒。魚氏族從大佤山東遷，到了雲南的中部，形成了崇拜魚的百越民族，包括布依族等民族。再從百越民族之中分化出了漢族，北遷到中原，形成了伏羲、女媧。

所以西盟縣的猛梭龍潭不是一個普通的湖，包含了東方民族演化的奧秘。猛梭龍潭成為有名的聖地有其道理，這種山頂的湖泊成為東方很多天池崇拜的原型，比如長白山天池、天山天池等等。

人類遷徙史，一環接一環。向前走的民族，雖然產生很多變異，但是一定還保留先前民族的文化痕跡。東方民族來自南亞熱帶，文化的起點青藏高原南部的多條大山大河地帶。

這片高山大河相錯的地域不僅世界上物種最為豐富的地域，也是文化最為複雜的地域。一個個深邃的山谷，成為隔離舊民族、形成新民族的密室。其中不僅產生了東亞、東南亞和太平洋地區的所有民族，還繼續分化出了北亞民族、美洲民族和印歐人。

現在新幾內亞島的民族 Y 染色體是 M 型和 S 型，最接近 P 型，P 型分布在印度尼西亞、菲律賓和黑龍江河口，顯然是從東南亞北遷。又從黑龍江河口西遷到貝加爾湖和阿爾泰山，分化出 Q 型和 R 型。Q 型從西伯利亞東遷到美洲，形成美洲土著印第安人。R 型就是印歐人，西遷到了印度、伊朗和歐洲。M 型、S 型和 P 型的祖先是從印度分化出的 K 型，證明這是最早走向海洋的民族。其祖先遷徙時，一定經過東南亞，很可能是從雲南到南海。直接

到菲律賓和新幾內亞，所以中南半島罕見 P、M、S 等型。過去我們認為最早的海洋民族南島民族，其實已經是比他們晚很多的海洋民族。

現在地球上一半以上的人，來自青藏高原南部的高山大河地域。可惜因為濕熱病蟲、交通不便，現在對這片地域的研究仍然不夠深入。

伏羲、女媧最早生活在雲南的中部，也就是侗臺語系、南亞語系兩大民族在兩萬多年前的居住地。今雲南巍山縣，漢代稱為邪龍縣，讀音非常接近夜郎，說明夜郎的由來很早。現在看來，夜郎很可能是夜和郎兩大民族的合稱，夜就是侗臺語系民族，也即壯族和布依族的自稱 jai，郎是南亞語系民族的自稱。加上詞頭表示人的布，就是布夜（布依、布央）、布郎（布朗、補籠）。

文山的布央人傳說祖先來自貴州，分子人類學測出布央人的 Y 染色體屬於南亞語系民族，但是他們的語言接近仡佬語，說明布央人很早就在貴州定居，所以被仡佬族同化。因為那坡縣的布央自稱為 ia rong，讀音非常接近夜郎，所以有學者懷疑是仡佬族征服了布央人，建立了夜郎國。布央的讀音接近布依，很可能是布依的同源字，也是源自居住在河谷。因為以黔西南為中心的夜郎國是源自遠古的王國，所以特別有地位，夜郎王不是無故自大。

北宋樂史《太平寰宇記》卷一百六十六邕州引唐代的《邕州圖經》說：「提、佨、俚、獠有四色，語各別，譯而方通也。」其中的佨就是布依，卷一百二十黔州之後說：「控臨蕃種落：牂牁、昆明、柯蠻、桂州、提佨、蠻蜑、葛獠、沒夷、巴、尚抽、勃儺、新柯、俚人、莫猺、白虎。」葛獠就是仡佬，沒夷就是布依，勃儺是毛南。勃儺、毛南的讀音源自布朗族，所以分子人類學測出毛南族的 Y 染色體主要源自南亞語系民族，雖然語言屬侗臺語系。漢代在黔南設毋斂縣，毋斂就是毛南。荔波縣有茂蘭鎮，雲南的雲縣北部也有茂蘭鎮，是同源地名，雲南的北部還有布朗族自治鄉，原來是布朗族分布地。

現在大家都知道雲南的西北部有三江並流，而不注意巍山、南澗、雲縣一帶還有一個小三江並流，西面是瀾滄江，中間是把邊江，東面是禮社江（元江）。禮社江和把邊江之間是哀牢山，把邊江和瀾滄江之間是無量山，這些山系的放射點就是巍山縣。元江的源頭就在巍山縣，把邊江的源頭在南澗縣。

南詔就是源自六詔之中最南的巍山縣蒙舍詔，說明這一帶非常重要。本書第四章第二節將要論證，蒙舍詔人是傣族。因為南詔在六詔的最南部，控

制了東南部熱帶和西北部溫帶的商品交換要道,所以才崛起。其北部的大理是白族之地,其南部的鳳慶縣、雲縣在古代有布朗族、傣族等,現代有彝族、回族,這是一個民族交匯地帶。

小三江並流地帶的西南部,也即怒江、瀾滄江流域高溫多雨,東北部的長江流域、珠江流域則涼爽少雨,中間溝谷縱橫,特別容易形成多元的民族。亞太地區的主要人群 Y 染色體在這一帶分離,向北的一支形成漢藏語系人群,留在南方的兩支形成侗臺語系和南亞語系人群。伏羲、女媧的故事源自兩多年前的雲南和貴州,代表侗臺語系和南亞語系兩大人群同源通婚的歷史。

雲南雲縣漫灣鎮的瀾滄江

雲南保山西部的怒江

　　彝族傳說祖先仲牟由躲避大洪水，北遷到江頭和江尾之間的洛你 loni 山上，康熙《大定府志》根據彝族傳說，記載水西安氏的祖先祝明（仲牟由）住在堂琅山，稱為羅邑山，漢代的堂琅縣在今巧家縣，恰好靠近長江。正德《雲南志》卷二易門縣：「昔烏蠻酋仲磨由男所居之地。」四川涼山彝族傳說仲牟由住在蒙低爾曲山（莫達羅曲山），易門縣恰好有蒙低黎山。馬長壽指出彝族祖先不在堂琅縣，洛你山可能是東川和祿勸之間的羅衣山。〔註5〕也有人認為洛尼山是今祿勸縣西北部雲龍鎮的洛尼山，我認為蒙低爾和英語的山 mountain 是同源字，這是一個古老的世界同源字，所以不能確定在何處。易門即彝民，易門確實彝族遷徙史上的重要地方，但是彝族應源自楚雄。長江在楚雄之北轉彎，所以說在江頭和江尾之間。彝族從楚雄向滇東南、川南、滇東北三個方向，放射發展。從漢藏語系民族的分布地圖來看，漢藏語系族群應該源自滇西北。

　　仲牟由的六個兒子從佐雅紀堵外遷，武和乍遷到南方的楚吐，乍到了迭錯雅臥，向外擴展，南面到魯補，西面到麻黎俄呷。我認為魯補顯然是今元

〔註5〕馬長壽：《馬長壽民族史研究著作選》，上海人民出版社，2009年，第10～11頁。

江，大理國時為羅槃部，元代稱為蘿葡甸、羅必甸。麻黎是今雙柏縣的馬龍河，俄呷是今雙柏縣西部的□嘉，則迭錯雅臥在今易門縣。佐雅紀堵在易門縣之北，讀音接近今祿豐縣西北舍資鎮的沙矣舊，正是高山地帶，可能是仲牟由躲避洪水的高山。其北即武定縣，《大元混一方輿勝覽》：「武定路蠻名羅羽部。」羅羽讀音接近洛尼，東北即祿勸縣洛尼山。武向昆明方向發展，把赫部趕到 Komu 地方，東部建立了安魯望和安古吐魯望，南方的洗朵建立十七城。我認為魯望即漢代的漏臥，大理國的落溫部，在今陸良，南方的洗朵即今師宗縣。Komu 顯然是指南亞語系民族吉蔑 khmer，這一片彝族在今路南、瀘西、彌勒等縣。

從佐雅紀堵東遷的部落在洛補紅岩，漢人很多，東遷昭通。我認為洛補即今安寧的祿脿，安寧確實是漢人集中之地。祿脿在祿豐的東南，證明彝族的祖先確實是從祿豐向外遷徙。沙矣舊的附近有黑鹽井、回龍鹽井，鹽是稀缺資源，彝族的祖先正是因此強盛。祿豐猿人和元謀猿人的化石，證明這一地區環境優良。沙矣舊的名字可能源自鹽井，現在彝語的鹽是 ts'a 或 ts'ə，讀音接近識、沙，紀堵可能是井。

苗和瑤（莫徭）同源，莫徭連讀就是苗，《山海經・大荒南經》稱無搖。所以苗、瑤原來的族名莫徭（無搖）和布依是同源字，都是源自魚。

其實上古中原的漢族已經記載了布依，戰國時期由齊國人寫成的《管子・小匡》說：「南至吳、越、巴、牂牁、瓜長、不庾、雕題、黑齒、荊夷之國，莫違寡人之命。」不庾是壯族、布依族的祖先，因為現在西北部壯族與布依族自稱為 pou jai，也即布依族名的由來。不庾的上古音是 piu-jio，既在句町之後，應即壯族、布依族的祖先。

戰國時期記載四方民族的《逸周書・王會》說：「康民以桴苡，桴苡者，其實如李，食之宜子。」康民就是昆明，所以排在巴人、蜀人、方（彭）人、卜（僰）人、夷和州靡（收靡，在今雲南尋甸）、都郭（獨錦，在今雲南安寧）之間。桴苡就是源自布依，說明這種草藥最早是越人開發。

因為漢族的祖先也是源自西南，而且歷史上一直熟悉西南民族，所以伏羲、女媧的故事很早就被中原人記載。布依和布朗的胞族名稱甚至有可能在上古漢族北遷時，傳入中原。中原最核心的伊水、洛水，很可能就是依和朗。上古音的洛是 lak，讀音接近龍。說明魚、龍不僅是南方民族的胞族象徵，很可能也是華夏的胞族象徵。

第三節　伏羲、女媧從黔、巴北遷

漢族的祖先從西南向北遷到中原，要經過重慶、湖北。恰好貴州東北部有芙蓉江注入烏江，《漢書·地理志》說鱉縣：「不狼山，鱉水所出，東入沅，過郡二，行七百三十里。」唐代李吉甫《元和郡縣志》卷三十播州芙蓉縣：「西南至州六十里，貞觀五年置在芙蓉山上。」我已經考證出，不狼山就是芙蓉山，在芙蓉江源頭的大婁山。因為婁山關一直是交通要道，所以漢代設鱉縣，而且是犍為郡最早的治所，是漢朝試圖打通從西南到南越國的最早道路。不狼就是布朗，涪陵也是同源地名，說明烏江原本都叫布朗水。芙蓉江在武隆縣注入烏江，武隆就是芙蓉、布朗。〔註6〕唐代的羈縻州縣，有播陵州（今雲南彝良）、播朗州（今四川筠連）、播郎縣（今四川珙縣）、播鄰縣（在今四川興文）。

我又想到，《後漢書·南蠻傳》說：「巴郡南郡蠻，本有五姓：巴氏，樊氏，瞫氏，相氏，鄭氏。皆出於武落鍾離山。其山有赤黑二穴，巴氏之子生於赤穴，四姓之子皆生黑穴。未有君長，俱事鬼神，乃共擲劍於石穴，約能中者，奉以為君。巴氏子務相乃獨中之，眾皆歎。又令各乘土船，約能浮者，當以為君。餘姓悉沈，唯務相獨浮。因共立之，是為廩君。乃乘土船，從夷水，至鹽陽。鹽水有神女，謂廩君曰：「此地廣大，魚鹽所出，願留共居。」廩君不許。鹽神暮輒來取宿，旦即化為蟲，與諸蟲群飛，掩蔽日光，天地晦冥。積十餘日，廩君伺其便，因射殺之，天乃開明。廩君於是君乎夷城，四姓皆臣之。廩君死，魂魄世為白虎。巴氏以虎飲人血，遂以人祠焉。」

巴郡南郡蠻出自武落鍾離山，首領務相用劍投中赤穴，再乘船到鹽水，打敗鹽水女神，定都夷城。上文說過，武的古音是 bu，所以我認為武落就是魚，現在泰語的魚是 bpla，突厥語的魚是 balaq，就是武落 malak。武落山即大婁山，則夷水可能是今烏江，漢代稱為延水，巴人從貴州北遷到重慶。夷水的夷，可能就是布依的依（魚）。

巴字的原形就是一條蛇，務相號稱廩君，廩的聲旁是稟，其實廩、稟的上古音都是 ban 和 lan 複合音 blan，正是布朗（龍）。《華陽國志》記載取代杜宇的鱉靈，就是巴人。

侗族自稱 kaml 源自岩，讀音接近鱉靈的帝號開明。漢語岩的上古音 ngram，讀音也很接近。漢語鹽的上古音是 grjam，源自岩 ngram，說明漢語

的鹽最早指西南的井鹽。馬來語的鹽也是 garam，簡直和漢語一模一樣。馬來人不必從中國得到鹽，馬來語的鹽和漢語同源，因為馬來人的祖先是從中國南部的百越之中分出。這也證明中國的西南是很多民族的孕育之地，是東方民族演化最重要的地方。南方民族居住的閣樓建築稱為干欄，干欄的古音就 galam，這個字和岩、鹽顯然也是同源字，源自高，鹽來自高岩。

巴人的首領務相得到赤穴，所以稱王，這顯然是指開採丹砂。因為龍（朗）部落住在山上，所以熟悉礦石。而魚（依）部落住在水邊，所以熟悉鹽井。巴人是從烏江北遷，對應《逸周書》的巴蜀到雲南，經過彭人，彭水縣在今烏江流域。巴人是土家族的祖先，土家族是漢藏語系民族，說明漢族的祖先北遷時很可能經過烏江和清江。

分子人類學檢測，湖南龍山土家族的父系接近雲南的拉祜族，我認為這符合歷史記載。《後漢書》說：「廩君死，魂魄世為白虎。巴氏以虎飲人血，遂以人祠焉。」拉祜族的名字正是來自老虎，說明土家族是從雲南向北遷到烏江流域。三峽最早期的新石器時代遺址集中在奉節和巫山等地，年代在8000 年以上。最早的遺址在魚腹浦，恰好對應枯魚。

雖然巴人的首領號稱廩君，但是《世本》說廩君出自巫蜒，巫蜒的讀音接近布依。說明巴人的文化混雜了多種西南民族文化，巴人崇拜鳥和魚，但不是侗臺語系或南亞語系民族，巴人是漢藏語系民族。巴國青銅器上有很多魚的圖案，說明巴國人崇拜魚。很多學者認為巴就是源自魚，因為侗臺語的魚就讀成 ba。比如重慶三峽博物館收藏的一件精美的戰國虎紐錞于在萬州甘寧鎮出土，有四個圖案圍繞虎紐，即鳥、人、手、魚。魚的圖案中，還有一個類似迴環的圖案，或許就是表明枯魚的復蘇或變化。在涪陵小田溪出土的鉦上，也可以清楚地看到這個迴環的圖案，下方很可能是畫了一條魚，又有點類似蛇，有三條魚鰭。兩邊還有王字，說明其地位非常重要。

涪陵在烏江注入長江的地方，是巴人從貴州向北遷徙的重要樞紐。一般認為涪陵小田溪是巴王的墓群，小田溪出土的一件虎紐錞于上，圍繞虎紐的圖案多出了船和蟲，令我想到，這艘船正是傳說廩君沿江而下的船，傳說唯獨廩君的土船能夠漂浮，廩君乘船從夷水到鹽陽，夷水女神變成蟲，廩君射殺群蟲。我認為，這些圖案其實就是描述廩君故事的連環畫，先是乘船，接著用手投劍，表示佔有丹穴，人頭表示稱王，雙蟲表示和鹽水女神通婚，魚和迴環表示佔有魚泉，也即獲得鹽泉。至於省略了船和蟲的錞于，是把廩君

乘船和通婚的故事省略了，主體情節仍然不變。

　　萬州出土的一件虎紐錞于，現在收藏者四川大學博物館，上面的圖案更多，在手和魚之間出現一個菱形，中間有四條繩索拉出中間的圓形，我認為這很可能是指丹砂礦，畫的是用繩子拉出丹砂的景象。

涪陵小田溪出土鉦和圖案

涪陵小田溪出土的虎紐錞于和圖案

三峽博物館藏萬州甘寧鎮出土戰國虎紐錞于和圖案〔註7〕

苗族傳說中的女媧叫 ku-eh，唐代樊綽的《蠻書》卷八說烏蠻稱鹽為胸，令人想到壯語的鹽是 kju，佤語是鹽是 kih，〔註8〕說明彞族、壯族等很多民族的鹽字是同源。也接近苗族傳說中的女媧讀音，說明這個字很可能也是山的同源字，kue 接近窟的讀音，正是因為西南的鹽是從洞窟泉水中流出。今雲陽縣，古代稱為胸忍，很可能也是源自鹽泉。古代的胸忍縣城在今彭溪河注入長江的雙江鎮，上游的開州有鹽泉。今連雲港古代稱為胸縣，或許也是因為鹽而得名，連雲港正是在中原的正東方，為中原提供海鹽。漢代東萊郡、齊郡都有臨胸縣，東萊郡的臨胸縣在今龍口市的海邊，齊郡的臨胸縣在今臨胸縣。內蒙古額濟納旗的居延澤也是鹽湖，漢代北地郡胸衍縣在今寧夏鹽池縣，〔註9〕也有鹽池，所以胸衍、居延、胸忍、胸可能是同源字，語言都是鹽。

鹽水女神化為蟲，令我想到明代鄺露《赤雅》稱瑤族婦女：「黔面繡額，為花草、蜻蜓、蛾蝶之狀。」《皇清職貢圖》卷四稱廣西馬平縣伶人婦女：「常

〔註7〕 以上三組圖片的左圖來自重慶中國三峽博物館編：《盛筵——見證〈史記〉中的大西南》，四川美術出版社，2018年，第79、77、76頁。右圖是本人拍攝。
〔註8〕 顏其香、周植志：《中國的孟高棉語族語言與南亞語系》，社會科學文獻出版社，2012年，第90頁。
〔註9〕 馬孟龍的在《中國歷史地理論叢》2019年第4期發表的《昫衍抑或龜茲——寧夏鹽池縣張家場古城考辨》認為寧夏鹽池縣的張家場古城是漢代上郡的龜茲縣城，我認為不確，因為酈道元《水經注》卷三記載龜茲縣在今陝西榆林，清代顧祖禹《讀史方輿紀要》認為龜茲在今鹽池縣顯然不及酈道元記載可信。如果龜茲縣在今鹽池縣，則不僅遠離上郡其他各縣，還切斷了北地郡，顯然不合常理。

刺額為花草蛾蝶狀。」可能是瑤族女子在頭上紋出昆蟲花紋，訛傳為鹽水女神化為蟲，則鹽水女神或是苗瑤族群。

巴人和漢族都是漢藏語系民族，血緣和文化接近，所以漢族很可能是巴人北遷的一支，所以《山海經‧海內經》說太皥生咸鳥，咸鳥生乘釐，乘釐生後照，後照是巴人。太皥正是伏羲，咸鳥即鹽鳥，也就是鹽水女神和巴人聯姻，乘釐 cheng-li 就是鍾離，接近 chen-gi，所以傳說伏羲生於成紀 chen-gi。詔是雲南民族的王，後是古漢語的王，後照就是國王，象徵巴人建國。

乘釐令我想到西雙版納的車里（今景洪），《百夷傳》說：「所居麓川之地，曰者闌，猶中國稱京師也。」李錦芳的《侗臺語言與文化》指出，者闌是侗臺語的 tse laan，tse 是城鎮，德宏傣語為 tse，經常譯為姐，laan 是百萬，也即瀾滄江的瀾，引申為廣大。元代在景洪設置徹里府，我在上文說過也即《逸周書‧王會》西南的產里，我曾經指出，漢代在貴州的且蘭就是者闌，在今清鎮縣，唐代設清蘭縣，〔註10〕本書第四章第五節再詳考。

巴人祖先北遷經過的武落鍾離山，就是武落（烏江）流域的且蘭（清鎮）。因為乘釐是都城，所以伏羲氏北遷到華北，一直有成紀或陳的地名。漢語的城，其實就是百越語城的同源字，都是源自冊，冊的聲旁就是冊，遠古的城牆是柵欄建成。成紀在今甘肅省靜寧縣西南，《水經注》卷十七《渭水》：

> 瓦亭水又南，逕成紀縣東，歷長離川，謂之長離水。右與成紀水合，水導源西北當亭川，東流出破石峽，津流遂斷。故瀆東逕成紀縣故城東，帝太皥庖犧所生之處也。

瓦亭水是今葫蘆河，瓦亭源自女媧，瓦亭水在成紀縣又名長離川，我認為正是因為成紀、長離都是源自車里，證明了我的觀點。

我認為真臘、支那的讀音接近者闌、車里，因此都是同源字。前人指出，公元前 4 世紀的《政事論》提到的 Cīna 即中國，《摩訶婆羅多》、《羅摩衍那》、《摩奴法典》也提到 Cīna。〔註11〕學界曾經有很多人認為支那來自秦，但是語言學家鄭張尚芳提出秦的上古音是 tzhien，讀音不同，所以他提出支那的語源是晉。但是我認為西南的晉人比秦人還要稀少，所以不應是晉。其實即使是秦，也是在戰國時期才擴張到四川的中部。既然秦人的勢力不到雲南，

〔註10〕周運中：《秦漢歷史地理考辨》，第 209 頁。
〔註11〕季羨林：《中印文化交流史》，北京，中國社會科學出版社，2008 年版，第 10 頁。饒宗頤：《蜀布與 Cinapatta──論早期中印緬之交通》，《饒宗頤東方學論集》，汕頭大學出版社，1999 年版，第 227～259 頁。

則支那的語源很可能不是秦。如果用秦、晉來解釋支那，則不能解釋其韻尾不是 n 而是 na。早期中國和印度不是直接交往，而是通過雲南的民族作為中介。所以支那很可能是一個雲南的地名，者闌在今瑞麗，其西就是緬甸，這是最靠近印度的地方，很可能成為支那的由來。

所以越人是印度人眼中最早的中國人，這種誤解在歷史上的例子太多。俄國人現在稱中國人為契丹人，契丹人不是漢族。我已經考證希臘人托勒密《地理志》記載的諸多支那地名其實在今越南境內，當時歸漢朝管轄。〔註12〕我已經考證漢代中國人稱羅馬為大秦，源自希臘語的西方，不是專名。〔註13〕唐代中國人稱阿拉伯人為大食，大食源自塔吉克人 Tajik，不是真正的阿拉伯人。明代中國人稱葡萄牙人為佛郎機，源自阿拉伯人對歐洲人的稱呼，佛郎機源自法蘭克 Franki。歐洲人誤以為美洲土著是印度人，稱為印度人 Indian，也即印第安人。

漢族的祖先從重慶向河南、甘肅分遷，所以在今河南淮陽有伏羲氏故都陳，河南賈湖遺址有 8000 多年前的甲骨文和鶴腿骨笛，附近的古國不羹就是伏羲，這是伏羲氏北遷到中原的最早據點。在今甘肅秦安縣也有成紀，讀音接近。秦安有著名的大地灣遺址，還有瓦亭的讀音對應女媧，瓦亭水（葫蘆河）的支流有洛水，對應駱（龍）部落。

南朝盛弘之的《荊州記》說巴人征服的鹽陽在今湖北西南的清江流域，但是今重慶的鹽井分布在今彭水縣北部的郁山鎮、忠縣的甘井、塗井、萬州區長灘鎮、雲陽南溪鎮。今天巫溪縣、巫山縣的大寧河，因為地處要道，產鹽更多。大寧河古名巫溪，巫溪口是巫峽，巫的讀音接近布依。古人北遷，必須佔據最重要的鹽泉，所以魚復（奉節）成了華夏北遷的最重要樞紐。

房縣的房，其實就是西南的彭人，房、彭的上古音都是 bang，重慶的東南有彭水縣。傣族和泰族地名常見詞頭的芒就是 bang，指村寨。

黔也出現在大寧河流域，《三國志》卷二七《王昶傳》說魏明帝青龍二年（234 年），王昶上奏襲取蜀國白帝城（今奉節）、吳國夷陵（今宜昌）之間的黔、巫、秭歸、房陵，巫在今巫山縣，巫之西的黔應在今大寧河上游，這個黔是從黔中北遷的地名。

〔註12〕周運中：《唐代航海史研究》，花木蘭文化事業有限公司，2020 年，第頁。
〔註13〕周運中：《道士開闢海上絲綢之路》，花木蘭文化事業有限公司，2020 年，第117 頁。

　　大寧河還有支流巴岩子河，巴岩地名分布在廣西東蘭、大化、天峨、樂業、文山、貴州道真、印江、重慶江津、合山、武隆、四川米易、大竹、營山、鎮巴、平昌、通江、陝西城固。

第四節　伏義、女媧到竹山、平利

　　從巫溪縣向北翻山，北面就是陝西鎮坪縣、平利縣和湖北的竹溪縣、竹山縣，古代是庸國，唐代杜光庭《錄異記》卷八說房州上庸縣有伏義、女媧廟，《新唐書·地理志》說金州平利縣有女媧山。今天竹山縣仍然有紀念女媧的祭典，平利縣仍然有女媧山鄉和女媧廟。

　　竹山縣緊鄰平利縣，看似交通偏僻，其實是交通要道。因為古人的生活離不開鹽，所以漢族的祖先最早不能遠離大寧河的鹽礦。伏義、女媧正是從大寧河向北，先到漢水，再擴散到河南和陝西。

大寧河、女媧山、上庸縣位置圖〔註14〕

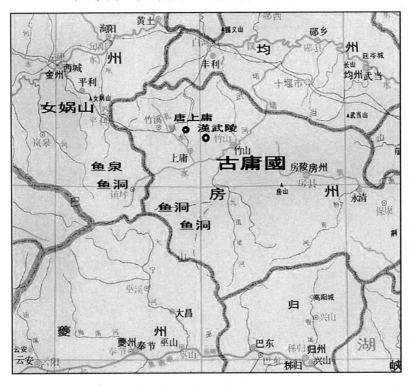

────────────

〔註14〕譚其驤主編：《中國歷史地圖集》第五冊，中國地圖出版社，1982 年，第 52～53 頁。黑體字是本書添加。

　　鎮坪縣城西北不遠有魚洞子、跳魚潭兩個緊鄰的村，平利縣南部有魚倒河村，可能源自魚洞河。《太平寰宇記》卷一四一金州平利縣：「藥婦山，在縣東南八十五里。《周地圖記》云，有夫婦攜子入山獵，其父落崖，妻子將藥救之，並變為三石人，名以此得。今頂上有石臼，父老云古仙學道於此，而藥臼尚存。」我認為藥婦山可能是魚婦山之誤，鎮坪縣是 1920 年從平利縣分出，在今鎮坪縣西北的曾家鎮有魚泉河堖、魚坪兩個緊鄰的村，也緊鄰平利縣，恰好在平利縣東南 85 里，應是魚婦山。竹溪縣南部的豐溪鎮有魚洞子，兵營鄉有大泉魚溝，向壩鄉有魚洞灣。

　　古庸國在今竹山縣，西漢另有武陵縣在今竹山縣之西六十里，〔註 15〕今重慶、湖南、貴州之間有武陵山，武陵即布朗、鱉靈、涪陵、武隆、不狼、芙蓉、播陵、播朗、播郎、播鄰，證明有移民從西南遷來。

　　古代上庸、房縣有三王冢，《太平寰宇記》廢上庸縣：「王冢山，在上庸縣西六十里，古老相傳有三王冢在此。」應在漢代上庸縣西六十里，也即漢代武陵縣城，竹山縣：「浸水在縣西四十里，出王冢山下，南流入武陵水。」房縣：「三王冢，其縣南有大墳三所，號三王冢，縣北有趙王冢。」均州武當縣：「三王城，前漢末，王匡、王鳳、王常所築，各一城，今號三王城。」武當縣在今丹江口市，我認為三王冢是三皇冢，三皇指伏羲、女媧，三皇冢在武陵縣城附近，正是因為武陵是伏羲、女媧北遷最早的居地。

　　三國時，因為上庸在魏、蜀、吳交界，所以魏文帝在房陵設新城郡，魏明帝設上庸郡，上庸郡有北巫縣，北巫縣因為在巫縣（今巫山）之北得名，應在今鎮坪縣。曹魏又重設武陵縣，新設微陽縣，微陽源自微國，周武王伐商的軍隊，有庸、蜀、羌、髳、微、盧、彭、濮人，多數來自漢水流域，正是因為西北和漢水在遠古時期就有密切往來，華夏來自漢水。

〔註 15〕唐代李吉甫《元和郡縣圖志》卷二一房州上庸縣明確記載西漢上庸縣城是唐代的竹山縣城，譚其驤《中國歷史地圖集》第二冊第 30 頁標在竹山縣城西南的田家壩，標武陵縣城在今竹山、竹溪之間。《晉書》卷一：「上庸城三面阻水。」今竹山縣城三面環水，完全符合，盆地較大，竹山縣城在房縣、竹溪的中點，上庸縣城不應在田家壩。《中國歷史地圖集》第五冊第 52 頁標唐代上庸縣在今竹溪縣新洲鄉，誤。《太平寰宇記》一四三房州竹山縣的廢上庸縣在州西二百五十里，竹山縣在州西一百五十里，則上庸縣在今竹山縣的縣河鎮，縣河因為縣城得名，而且縣河鎮之東是祐城關，應是源自庸城關。但這是隋代遷上庸縣城之前的孔陽縣，源自曹魏復立的武陵縣。東漢廢武陵縣，西漢武陵縣在唐代竹山縣東四十里，在今竹山縣的麻家渡鎮，鎮東南有楚子墳。

彭即房（今房縣），重慶有彭水，四川有彭山、彭州，彭是西南重要民族，也是從巫溪縣北遷。盧國在今襄陽，濮人靠近，《左傳》文公十六年說：「庸人帥群蠻以叛楚。麇人率百濮聚於選，將伐楚。」麇國在今鄖縣，百濮可能在漢水北岸。庸人不是濮人，文化接近苗蠻，因為來自西南。

古代庸國有鬼田，《太平寰宇記》房州竹山縣：「鬼田，在縣東二里，隔堵水，約二頃，不生樹木，只有茅荻，每歲清明日，祭而燎之，預卜其豐儉，燎草至盡，即是年豐。風俗為驗，於今亦然。」

這種風俗即照田財、照田蠶，江南是年末燒田，火焰明亮則來年豐收，南宋范成大《照田蠶行》序：「村落則以禿帚若麻秸竹枝輩燃火炬，縛長竿之杪以照田，爛然遍野，以祈絲穀。」弘治《上海志》說：「鄉人秉高炬，謂照麻蟲。」清代袁景瀾《吳郡歲華紀麗》卷十二：「吳俗歲晚，鄉村田家，就田中插長竿，以禿帚、麻秸、竹篠縛諸竿首，燃為高炬。夾以爆竹，流星亂灑，和以鉦鼓，喧聞四野，以照燭四塍，爛燃遍壠。每深更舉火，視火色赤白，以占水旱。焰高明亮者，為絲、穀豐稔之驗，謂之照蠶田，一名燒田財。」道光《永州府志》、光緒《荊州府志》都記載照田財，證明來自楚俗。

我認為就是籍田，藉的上古音是從母鐸部 dzak，灼是照母宵母 tjôk，讀音很近。周天子在春耕時舉行籍田禮，《國語‧周語上》：「宣王即位，不籍千畝。」韋昭注：「籍，借也，借民力以為之。天子田籍千畝，諸侯百畝。自厲王之流，籍田禮廢，宣王即位，不復遵古也。」籍田的籍顯然不能解釋為借助民力，天子舉行籍田禮，都是貴族參加，而各地的田本來就是民眾耕種。藉的本義是草編的墊子，《說文》：「藉，祭藉也。」但是其他祭祀都可以用草墊，難以解釋。因為周人源自伏羲，所以有籍田禮，但是在西周時已經變異，而且周屬王廢棄，所以本義為人遺忘。

鄖縣五峰鄉 2001 年出土有揚子銘文的青銅器，孫啟康認為《左傳‧文公十一年》的錫穴與漢晉時期的錫縣（在今陝西白河縣），源自漢水中游的揚越。〔註16〕《史記‧楚世家》：「當周夷王之時，王室微，諸侯或不朝，相伐。熊渠甚得江漢間民和，乃興兵伐庸、楊粵，至於鄂……乃立其長子康為句亶王，中子紅為鄂王，少子執疵為越章王，皆在江上楚蠻之地。」

羅香林認為按照次序，揚越在庸之西北，蒙默認為伐庸、伐揚越不是一

〔註16〕孫啟康：《丹江口水庫庫區出土三起銅器銘文考釋～讀〈塵封的瑰寶〉覓王、侯之遺蹤》，《江漢考古》2008 年第 1 期。青銅器上的揚字，原從牛從易。

次戰爭，所以揚越不在漢水流域，而在長江以南。〔註17〕我以為即使不是一次戰爭，也不能說揚越就在長江以南。清華楚簡《楚居》記載八代楚王住在喬多，喬多就是句亶，讀音很近。《左傳》文公十六年記載庸國有句澨，應在今襄樊西北的漢水岸邊，或即句亶。〔註18〕句亶就是西南的句町、皋通、仡兜，說明句亶是北上的仡央族群。《太平寰宇記》卷一四三房州房陵縣建鼓山引袁山松《記》說有句將山，我認為句將即句亶。

北京故宮博物院藏有一方楚印：高壃串，應釋為高長關。這個高長關，我以為就是高唐關。長是知母陽部 tiang，唐是定母陽部 dang，讀音極近。高唐是楚國著名的地名，宋玉《高唐賦》：「昔者楚襄王與宋玉遊於雲夢之臺，望高唐之觀，其上獨有雲氣，崒兮直上，忽兮改容，須臾之間，變化無窮。」高唐的讀音也很接近句亶，在江漢平原。《太平寰宇記》卷一四八夔州巫山縣：「高都山，《江源記》云：《楚辭》所謂巫山之陽、高丘之阻。高丘蓋高都也。」高都即高唐，即瞿塘峽，在今巫山縣和奉節縣之間。

竹山縣向北不遠的是陝西省山陽縣，原來有大族泉姓，《周書》卷四十四《泉企傳》：「上洛豐陽人也。世雄商、洛。曾祖景言，魏建節將軍，假宜陽郡守，世襲本縣令，封丹水侯。父安志，復為建節將軍、宜陽郡守，領本縣令，降爵為伯。」《魏書》卷四上《世祖紀上》神麚元年（428 年）九月：「上洛巴渠泉午觸等萬餘家內附。」太延四年（438 年）十二月：「上洛巴泉童等相率內附。」上洛另有大族陽姓，《周書》同卷《陽雄傳》：「上洛邑陽人也。世為豪族。祖斌，上庸太守。」我認為泉氏、陽氏源自上古的上洛泉皋、揚拒之戎，《左傳》僖公十一年：「夏，揚拒、泉皋、伊雒之戎同伐京師，入王城，焚東門，王子帶召之也。秦、晉伐戎以救周。秋，晉侯平戎於王。」春秋時期很多西北戎狄來到伊洛流域，但是這些戎狄和原來的土著巴人融合，揚拒戎確實是來自西北的戎狄，我認為揚拒就是焉耆、義渠，讀音接近。但是泉皋是巴人，因為泉皋的上古音 tsuan-kao 接近羣舸 tsang-kai，巴人的祖先從貴州北遷，這就是北朝人仍然稱泉氏為巴人的原因。

伏羲、女媧源自漢水，還有一條證據，《史記·周本紀》講述周幽王寵愛的褒姒，說褒國的君主化成兩條龍，吐出的沫變成玄黿。周人自稱出自天黿，也即玄黿、軒轅，黃帝玄黿氏出自伏羲。漢代畫像石上的伏羲、女媧是兩條

〔註17〕蒙默：《揚越地域考》，《百越民族史論叢》，第 116～121 頁。

〔註18〕周運中：《〈楚居〉東周之前地理考》，羅運環主編：《楚簡楚文化與先秦歷史文化國際學術研討會論文集》，湖北教育出版社，2013 年。

蛇的形象，對應褒國君主化成的兩條龍，褒的讀音接近布依、伏羲。《太平寰宇記》卷一四一金州西城縣（今安康）：「伏羲山，按《十道要錄》曰，拋、鈖二山焚香，氣必合於此山。」

　　仰韶文化的陶器上最顯著的就是各種魚紋，有單魚、雙魚、對魚，還有簡化和變異的魚紋，還有人面和魚紋的組合，我已指出，雙魚尖帽人面是來自西亞的水神。西亞的神很多，但是仰韶文化唯獨引進水神。〔註19〕說明漢族雖然北遷，仍然崇拜魚。

西安半坡遺址出土的仰韶文化魚紋陶盆

　　世人皆知今天陝西和湖北的漢水，而不知道貴州西北部的六沖河在古代就叫漢水，《漢水・地理志》說犍為郡都尉所在的漢陽縣，出漢水，向東在鱉縣注入延水（烏江）。赫章縣是漢代遺址集中的地方，就是漢陽縣所在。漢水源自乾旱，六沖河上游是貴州春旱地區。陝西漢中的南部在漢代有旱山，很可能是漢江的由來。漢族的祖先從重慶北遷到陝甘，要經過漢江，所以漢江的名字很可能是源自貴州的漢水，至少說是同源的地名。

　　貴州省在明代才建立，是中國較晚出現的省，交通不便，不過卻是中國

〔註19〕周運中：《中國文明起源新考》，花木蘭文化出版社，2015 年，第 178～193頁。

人的祖先從雲南向四方擴散的重要通道。苗瑤民族從貴州東遷到兩湖，漢族的祖先從貴州經過重慶、湖北，北遷到河南、陝甘。中原最早的賈湖文化正是在南陽盆地通往華北平原的地方，而西北的仰韶文化源自源自西鄉縣的老官臺文化李家村類型，都證明了華夏文化源自漢江流域。

伏羲、女媧代表魚和龍兩個對立統一的胞族象徵，在南方民族中，最早的是侗臺語系和南亞語系兩大族群的象徵。在漢藏語系族群也有類似的胞族，漢族的祖先伏羲、女媧和南方民族的祖先伏羲、女媧也是同源。所以我們可以說伏羲、女媧是中華民族的祖先，雲南省是伏羲、女媧的最早誕生地，貴州和重慶是各伏羲、女媧族群向東、向北遷徙的門戶。湖北、湖南、廣西、四川、河南、陝西、甘肅等地，是諸多伏羲、女媧部落聯盟擴展的重要基地。夜（魚）和郎（龍）胞族組成的夜郎部落形式，不僅在雲南、貴州等地有，也是華夏古老的部落形式，所以夜郎代表中華文明起源的模式。

漢人的祖先剛從長江流域到北方時，還保留很多越人習俗。比如安徽蚌埠雙墩遺址出土的 7000 年前的人像，面頰有對稱的兩道連續圓點，額頭有兩個同心圓圈，顯然是越人的紋面。甚至內蒙古出土的紅山文化人像也有明顯的紋面，這也是因為紅山文化族群的祖先來自南方。

甘肅馬家窯文化的陶器上，有很多人像有紋面。馬家窯文化的族群應該是羌族，我已經論證羌族的祖先也是來自南方的苗族，羌族的祖先無弋、党項的別名彌藥就是苗。《尚書‧堯典》：「遷三苗於三危，以變西戎。」三危在今甘肅，三苗西北到甘肅成為羌族。[註20]

魚比陸地上的野獸更容易捕捉，上古的魚類資源豐富，能提供優質蛋白質，所以對古人非常重要。魚多子，所以代表生育、富饒。伏羲、布依、武夷的讀音，都接近富裕。現在漢語還喜歡用魚來表示富裕，希望年年有餘。因為人類從熱帶向寒帶擴散，所以這種文化可能影響了很多北方民族。古代東北有扶餘族，上文說過，扶餘人的祖先在西南熱帶，所以扶餘的名字很可能源自魚、富。

吉林博物館藏有一塊榆樹縣老河深遺址扶餘國墓地出土的雙龍仙鶴紋鎏金銅當盧，雙龍可能源自扶餘人的原有信仰，雙龍的造型類似漢代常見的伏羲、女媧雙蛇纏繞的造型。遼寧省博物館藏有一件凌源縣三官甸子遺址出土

〔註20〕周運中：《九州考源》，花木蘭文化事業有限公司，2019 年，第 200 頁。

的戰國時期雙蛇銜蛙青銅器，蛙背嵌入綠松石，還出土了很多青銅蛙。關於越人的青蛙崇拜，本書第十章第六節再證。

　　突厥語、蒙古語的富裕是 bay，漢語音譯一般是巴依、伯顏、巴彥、拜等，很多地主被稱為巴依，新疆有拜城縣，內蒙古有巴彥淖爾市，都是源自富饒，巴彥淖爾就是富饒的湖，bay 的讀音也很接近漢語的富，顯然是同源字。

蚌埠雙墩出土紋面人像

紅山文化出土紋面人像

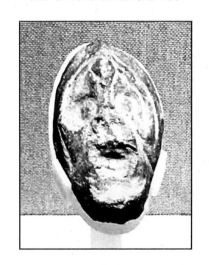

西亞薩馬拉文化

馬家窯文化陶罐上的有紋人面

馬家窯文化陶罐上的有紋人面

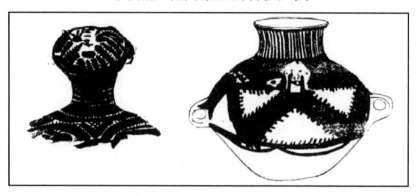

吉林博物院藏扶餘國雙龍當盧　　遼寧凌源出土雙蛇銜蛙銅飾和青
　　　　　　　　　　　　　　　　銅蛙

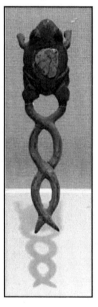

第三章　海上外越南島族群文化

第一節　盧亭（海）、蜑（蛇）、曲蹄、交趾

　　中國語言屬六個語系：漢藏語系、阿爾泰語系、南島語系、侗臺語系、南亞語系、印歐語系。中國的南島語系民族即所謂高山族，現在分布在臺灣島的中東部及其東南的蘭嶼。臺灣島西部平原的原住民平埔族，現在已經漢化。南島語系語言分布在馬達加斯加島到夏威夷、復活節島的廣大海域，或稱印度—太平洋語系。但是上古時期在閩浙沿海也有很多南島民族，名為外越、遊艇子、盧亭、白水郎、曲題、交趾等。

　　南島族群的祖先從侗臺族群中分離出來，先東遷到福建和臺灣。臺灣島是南島語系的語言差異最大的地方，所以很多人認為南島民族從臺灣島擴散到太平洋、印度洋諸島。〔註1〕也有學者認為南島民族源自菲律賓南部與印尼，還有學者認為南島民族祖先從大陸來到臺灣，可能還有東南亞的人群加入，還有一支先民從華南向越南與婆羅洲等地擴展。〔註2〕近來研究表明他們最早居住在福建沿海。〔註3〕不過末次冰期時的臺灣海峽還是陸地，所以可以統一為閩臺來源說。

　　考古學家發現臺灣玉器在菲律賓的巴坦群島、巴布延群島、巴拉望島、加里曼丹島北部甚至越南中部和泰國南部都有發現，說明這些地區之間已有

〔註1〕李壬癸：《珍惜臺灣南島語言》，前衛出版社，2010年。
〔註2〕臧振華：《呂宋島考古與南島語族的起源和擴散問題》，蕭新煌主編：《東南亞的變貌》，中研院東南亞區域研究計劃，2000年，第3～25頁。
〔註3〕焦天龍、范雪春：《福建與南島語族》，北京：中華書局，2010年。

航路。〔註4〕越南東山文化的銅鼓在西元前就遍及馬來半島與巽他島鏈,越南中部的沙螢、杭共等遺址發現西元前 500 年的印度玻璃、肉紅石髓珠與中國鐵劍,泰國班東塔碧發現印度瑪瑙與肉紅石髓珠,爪哇與印度的貿易也可以追溯到西元初年,爪哇、巴釐島發現很多接近印度的器物,蘇拉威西海、蘇祿海附近的遺址也有很多印度串珠,西元前的東南亞海島地區就建立了貿易鏈環,而且向西連接印度、羅馬,向北連接中國。〔註5〕

臺灣、菲律賓、越南、廣西都發現有角石環或玉玦,廣西合浦縣文昌塔 1號墓還發現了用玻璃仿製的有角環,很可能來自越南。

巴拉望島 Uyaw 洞穴發現的有角玉玦

廣西合浦出土仿製有角玻璃環

廣東曲江縣石峽遺址出土的有角玉環

有角玉玦

〔註4〕〔日〕飯冢義之:《臺灣產玉の拡散と東南アジア的先史文化》,《海の道と考古學》,高志書院,2010 年,第 51~65 頁。

〔註5〕〔新西蘭〕尼古拉斯·塔林主編、賀聖達等譯:《劍橋東南亞史》,雲南人民出版社,2003 年,第 106~111 頁。

太平洋上的南島語系族群有很多種邊架艇，在船的單側或雙側加上木筏，以使船身穩定，這種邊架艇也是源自中國南方，現在還能找到。〔註6〕

澳門海事博物館的新幾內亞獨木邊架艇模型

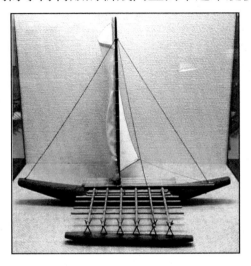

慕尼黑德意志博物館的密克羅尼西亞群島的帆船模型

〔註6〕吳春明：《黔東南臺江施洞苗族「子母船」在太平洋文化史上的意義》，《從百越土著到南島海洋文化》，文物出版社，2012年，第257～270頁。

　　因為南島民族航海來到南洋群島，所以現在加里曼丹島北部的沙巴發現一千多年前的一些岩洞中有很多整木刳成的圓形木棺，這些木棺兩頭有角，廣西左右江流域的龍州、大新、天等、靖西、崇左、田東、平果、隆安縣、紅水河流域的東蘭、大化、都安縣的崖洞葬木棺非常類似，兩頭的尖角有牛角、燕尾、羊角、火炬把首等多種，〔註7〕馬來人的這種木棺很可能來自廣西。

馬來西亞歷史博物館的沙巴船型木棺

馬來西亞歷史博物館的霹靂州古代獨木舟

慕尼黑德意志博物館的印度尼西亞龍目島的獨木單邊架艇模型

〔註7〕　彭書琳：《試論廣西古代崖洞葬的獨木棺》，《百越研究》第四輯，第310～322頁。

江蘇常州奄國都城遺址淹城，1958 年出土了一艘獨木舟，收藏在中國國家歷史博物館，1965 年又出土了三艘獨木舟，收藏在南京博物院、常州博物館、淹城博物館，一般認為是西周或春秋時期，是中國現存最早的完整獨木舟，用整段楠木鑿成，當時常州附近還有楠木。

江蘇常州淹城出土春秋獨木舟

南島民族又名遊艇子，《北史・楊素傳》：「南海先有五六百家，居水為亡命，號曰遊艇子。」《太平寰宇記》卷九八明州鄞縣：「東海上有野人，名為庚定子。舊說云昔從徐福入海，逃避海濱，亡匿姓名，自號庚定子。土人謂之白水郎。脂澤悉用魚膏，衣服兼資絹布，音訛亦謂之盧亭子也。」庚定子是盧定子之訛，亦即盧亭，周去非《嶺外代答》卷三《蜑蠻》：「廣州有蜑一種，名曰盧停，善水戰。」所謂盧循遺種，是漢人曲解。徐松石指出盧亭、盧循是馬來語海 Laoetan，盧亭即海人。〔註8〕此說精闢，馬來語的海是 laut，遊為以母幽部，盧為來母魚部，音近，遊或即盧之音訛。

又名白水郎，《太平寰宇記》卷一百二泉州風俗：「白水郎，即此州之夷戶，亦曰遊艇子，即盧循之餘。晉末盧循寇暴，為劉裕所滅，遺種逃叛，散居山海，至今種類尚繁。唐武德八年，都督王義童遣使招撫，得其首領周造、麥細陵等，並授騎都尉，令相統攝，不為寇盜。貞觀十年，始輸半課。其居止常在船上，兼結盧海畔，隨時移徙。船頭尾尖高，當中平闊，沖波逆浪，都無畏懼，名曰了鳥船。」白水郎大船，首尾尖高，是南島民族的海船，元稹《送嶺南崔侍御》：「白水郎行旱地稀。」

〔註8〕　徐松石：《東南亞民族的中國血緣》，香港：平安書店，1959 年，第 110 頁。

海南文昌清瀾港的蜑民和水上房屋

寧波出土春秋時期銅鉞，上有蛇紋，下有羽冠蜑民划船。〔註9〕這是東海外越、揚州島夷的真實寫照，羽冠、大船是南島語族使用。越南清化省東山遺址也出土了一塊靴形斧，外形類似，上面也有雙蛇，下面也有羽人乘船。所謂自交趾至會稽七八千里，百越雜處，其言不虛。

日本福井縣阪井郡春江町井向出土的彌生時代中期的銅鐸上，也有類似的圖案，正中間有兩個類似 X 的符號，左下角和右下角也有同樣符號。這種 X 符號就是寧波、越南斧鉞的卷蛇紋樣的簡化。多人划船的圖案又完全一致，不過日本銅鐸的圖案上內容更加豐富，還有很多動物和人，動物有野獸和烏龜。

珠海寶鏡灣岩畫最核心的部分也是越人的海船，船上方也有捲曲的花紋。非常類似寧波、越南、日本的越人海船上方的 X 形雙蛇紋，珠海在寧波、越南之間，恰好填補了寧波、越南之間的缺環。

深圳南山博物館還藏有來自嶺南的幾件類似造型的青銅鉞，上面也有羽人划船和蛇紋。〔註10〕

有學者認為羽人競渡圖是展現越人祭祀水神的場景，引唐代許渾《送客南歸有懷》：「瓦尊迎海客，銅鼓賽江神。」印度阿薩姆邦的那伽人和臺灣的

〔註9〕 曹錦炎、周生望：《浙江鄞縣出土春秋時代銅器》，《考古》1984 年第 8 期。
〔註10〕戚鑫主編：《南山博物館藏古越族青銅兵器研究》，文物出版社，2017 年，第 234～244 頁。

雅美人祭祀時，頭戴犀鳥羽冠。雲南景頗族祭祀時，領祭人頭戴犀鳥羽冠。〔註11〕

寧波出土的銅鉞〔註12〕

越南清化省東山遺址出土銅斧拓片

深圳南山博物館藏越人銅鉞拓片

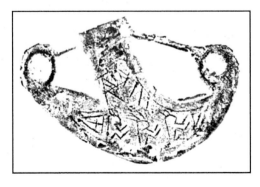

〔註11〕林蔚文：《銅鼓船紋與水上祭祀》，《南方文物》1993年第1期。還有人把銅鼓
　　　　船紋分為交通、捕魚、競渡、祭祀多類，見任華利：《銅鼓船紋分類研究》，《中
　　　　國港口》增刊《中國港口博物館館刊專輯》2017年第2期，第70～82頁。
〔註12〕〔日〕量博滿：《東南アジアの土著文明》，講談社出版研究所：《東南アジア》，
　　　　株式會社講談社，1983年，第95頁。

珠海寶鏡灣岩畫　　　日本銅鐸的海船雙蛇同源圖像

　　西漢劉向《說苑・奉使》說越人：「剪髮文身，燦然成章，以象龍子者，將避水神也。」《淮南子・原道》：「九疑之南，陸事寡而水事眾。於是民人被髮文身，以象鱗蟲。」《三國志・東夷傳》說：「夏后少康之子封於會稽，斷髮文身以避蛟龍之害。今倭水人好沉沒捕魚蛤，文身亦以厭大魚水禽，後稍以為飾。」《隋書・流求傳》：「婦女以墨黥手，為蟲蛇之文。」

清代華南海船　　　現代廈門船模外弦的龍紋

元代吳萊《淵穎集》卷九：「今盧亭夷人，男女椎髻，俗採魚蠣藤竹，又有龍戶，一曰蜑戶。」清代屈大均《廣東新語》卷二十二：「南海，龍之都會。古時入水採珠貝者，皆繡身面為龍子，使龍以為己類，不吞噬。在今日，人與龍益習，諸龍戶率視之為蝘蜓矣。」廣東德慶縣悅城鎮很早出現龍母信仰，擴散到江西、四川等很多地方。〔註13〕清代華南疍民的船上，還喜歡畫龍蛇花紋。現代廈門海船的船頭，也有龍形花紋。

古代很多海船以龍為名，宋代朱長文《吳郡圖經續記》說華亭縣青龍鎮（在今上海青浦）：「或云因船得名，按庾信《哀江南賦》，排青龍之戰艦。《南史》楊素伐陳，以舟師至三峽，陳將戚欣，以青龍百餘艘，屯兵狼尾灘。楊素親率黃龍十艘，銜枚而下，擊敗之。則青龍者，乃戰艦之名。或曰青龍舟孫權所造也，蓋昔時嘗置船於此地。」〔註14〕五代馬縞《中華古今注》卷上：「孫權，吳之主也。時號舸為赤龍，小船為馳馬。」

東漢許慎《說文解字》：「閩，東南越，蛇種。」《太平寰宇記》卷一百福州風俗引《開元錄》說：「閩州，越地，即古東甌，今建州亦其地。皆蛇種，有五姓，謂林、黃是其裔。」閩是形聲字，門是聲旁，蟲是形旁，蟲即蛇的象形，閩人原以蛇為圖騰。現在閩南話還把閩讀為 mang，閩即蟒。現代臺灣的排灣族還崇拜蛇，甚至把蛇當成祖先，流行蛇的雕塑和花紋。

紹興中莊出土的一件春秋銅鳩仗下方的越人造型，非常接近安徽六安九里溝窯廠 364 號墓出土的戰國青銅越人，湖州埭溪出土的一件銅鳩仗下方的越人，都有紋身。戰國越王州句銅劍鞘上的朱繪越人圖，左手操蛇，右手持戈，《山海經》經常說到神人操蛇。

廣州南越王墓出土了兩件銅構件，有人銜神操蛇的塑像。〔註15〕深圳博物館時發現西鄉鐵仔山漢墓出土的一塊墓磚側面，耳邊有簡化的兩條蛇形。

山東滕州鮑溝鎮郝寨出土的西漢石槨墓板上也有操蛇銜蛇的圖像，此處是魯地。

〔註13〕王元林：《國家正祀與地方民間信仰互動研究——宋以後海洋神靈的地域分布與社會空間》，中國社會科學出版社，2016 年，第 378～397 頁。
〔註14〕〔宋〕朱長文撰、金菊林校點：《吳郡圖經續記》，江蘇古籍出版社，1999 年，第 59 頁。
〔註15〕西漢南越王博物館編：《西漢南越王博物館珍品圖錄》，文物出版社，2007 年，第 71 頁。

紹興中莊出土銅鳩仗紋身越人模型

六安九里溝窯廠出土青銅越人〔註16〕

湖州埭溪出土銅鳩仗越人塑像

戰國越王州句銅劍鞘上的朱繪越人圖

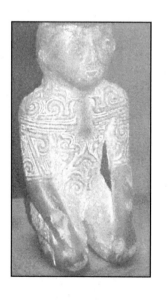

〔註16〕皖西博物館編:《皖西博物館文物擷珍》,文物出版社,2013年,第104頁。第58頁有九里溝窯廠41號墓出土的春秋吳王姑發銅戈,吳國從大別山攻入楚國,說明六安的青銅越人很可能是吳軍中的越人帶來。

南越王墓出土銅構件

深圳西鄉漢墓磚

山東滕州西漢操蛇銜蛇畫像

　　前人指出江南有蛇王廟，巫師召蛇稱為請蠻家。洪邁《夷堅志》支戊卷三說福建政和縣人買來女孩祭蛇，福州閩越王廟的二將化為二蛇，清代福州還有蛇王廟，《建陽縣志》說妙高峰下橫山王廟被蛇妖所距，明代《榕蔭新檢》引《晉安逸志》說福清黃檗山的蟒神是九使，清代施鴻保《閩雜記》說福州農婦：「多帶銀簪，長五寸許，作蛇昂首之狀，插於髻，俗名蛇髻……乃不忘其始之義。」彭光斗《閩瑣記》福建婦女：「髻號盤蛇……宛然首戴青蛇，鱗甲飛動，令人驚怖。」明代謝肇淛《長溪瑣語》：「水口以上，有地名朱船阪，有蛇王廟，廟內有蛇數百，夏秋之間賽神一次。蛇之大者，或纏人腰、纏人頭出賽。」現在福建南平樟湖鎮的蛇王廟仍然供奉蛇王，正月十七到十九遊蛇燈，七月初七以活蛇纏人賽神。廟裏的碑文記載捐資的人，很多是閩江上的船工，傳說蛇王來自閩江下游的古田，因此有學者認為蛇王源自閩江口的疍民。福州曾有很多蟒天洞府廟，連江綠茵村、閩侯縣仙洋村還有蛇王廟。〔註17〕《太平寰宇記》卷一百二汀州長汀縣有靈蛇山，光緒《長汀縣志》說羅漢嶺有蛇王宮，蛇王菩薩手持一蛇。南方還有很多制服蛇妖的故事，象徵漢文化對越文化的征服。〔註18〕

臺灣高山族蛇足杯

成都金沙出土石蛇

　　東晉干寶《搜神記》卷十九《李寄》說閩中庸嶺以童女祭祀大蛇，將樂縣女子李寄斬殺大蛇，其實也是象徵漢人殺死越人的聖獸，漢文化取代越文

〔註17〕王逍、郭志超：《閩江流域蛇神形態、性質和分布的流變》，蔣炳釗主編：《百越文化研究》，第 203～215 頁。

〔註18〕吳春明：《從蛇神的分類、演變看華南文化的發展》，《從百越土著到南島海洋文化》，第 373～402 頁。

化。南宋文珦《潛山集》卷八《聽說南中蟒事》：「蟒身漆黑蟒首紅，蟒來動地起狂風。慚愧蜑巫能制蟒，床頭開柙放蜈蚣。」

越人女子盛裝唱歌吸引龍，鄺露《赤雅》卷下：「岩洑之下，有馴龍焉。靚女欲見之，盛飾入岩，唱土歌。龍出，五色照灼，馴習如素。望之若《山海圖》中珥蛇者，神也。歌至絕倫，龍喜，踴躍盤入懷中，遺鱗而去。女即珍藏，以為獲神之貺。鄰女畢賀，笙簫雲合。予逐隊往觀，見鱗大如錢，光具眾色，奕奕不定。」太平府（今崇左）的這種龍有五色鱗片，顯然是蜥蜴，蜥蜴的鱗片可以變色，故名變色龍。

浙江仙居縣上張鄉西塘村發現一幅 2 米長的蛇形岩畫，溫嶺溫嶠鎮莞渭瀆村出土一件商代晚期青銅大盤，中間塑造一條蟠龍，這件商代東南沿海罕見的器物很可能是東甌王的重寶。過去一般認為東甌王的都城在今溫州，但是溫嶺緊鄰溫州，溫州之名即源自溫嶺，溫嶺大溪發現了漢代越人的古城，所以溫嶺應該也是東甌國的核心地。溫嶺北部的椒江平原在上古還是一個海灣，現代的椒江平原是晚近自然淤積和人工填海形成。台州北部多山，交通不便，所以溫嶺北部容易防守，成為東甌的核心地。

浙江溫嶺商代青銅蟠龍大盤

廣西恭城縣出土的一件春秋時蛇蛙紋銅尊，現在北京的國家博物館。中部有四組蛇蛙紋圖案，上方都是雙蛇銜蛙，下方則不同，雖然都是雙蛇銜蛙，

但是兩組的中間有鱷魚，其中一組僅有鱷魚，一組有鱷魚和重複出現的蛇。另一組的中間又重複出現青蛙，另一組的中間又重複出現雙蛇。最中間的部位有一個建鼓，上方有鳥，下方有蛇，非常類似浙江越人的鳩柱。說明從廣西到浙江，越人有類似的風俗。

廣西恭城出土蛇蛙紋銅尊線描圖

廣西恭城出土蛇蛙紋銅尊線描圖局部放大圖

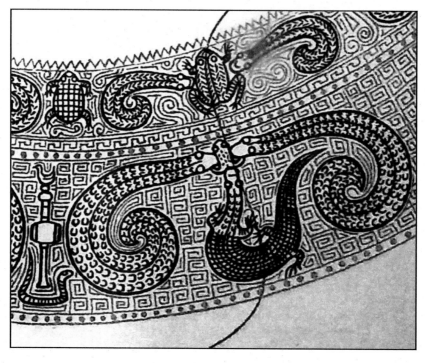

北宋沈括《夢溪筆談》卷二十：「彭蠡小龍，顯異至多……雍熙中王師南征，有軍仗數十船，泛江而南，自離真州即有一小蛇登船……此龍常遊舟楫間，與常蛇無辨，但蛇行必蜿蜒，而此乃自行，江人常以此辨之。」

湖南衡陽的《衡州風俗記》：「各船戶最信奉楊泗將軍（水神也），公立廟於城北，各船開到，例必至廟敬之。清宣統時，有某船泊於樟木市（距衡二十里），夜間艙內忽來一綠蛇，頭有黃章，長約尺許。該船戶以為楊泗將軍顯身也，花香供奉，恭運至衡。於是城鄉轟動，聞風來觀者甚眾。邑吏恐民間騷擾，投之於河。是夜蛇復至艙內，於是船戶益信其神，恭抬至神座上，演戲玩龍以敬之，自是廟內異常熱鬧矣。」〔註19〕

唐代劉禹錫說：「閩有負海之饒，其民悍而俗鬼，居洞砦、家桴筏者，與華言不通。」此時的福建疍民還不說漢語，宋代王逵《福州南臺江》詩云：「海通蠻蜑越人家。」清代《候官縣鄉土記》：「疍為蛇種，蓋無諸國之遺民也。」

很多人誤以為疍源自艇，疍和艇的古代讀音確實接近，但是我多次強調，正如 China 不是源自瓷器，越不是源自伐，甌不是源自茶甌，族名一般不是源自物品，而是物品源自族名，所以應該是艇源自疍。疍民的船有很多種，艇不過是其中常見的一種。

我認為疍的原字是蜑，這個字很特殊，從蟲的形旁來看，蜑就是蛇，蛇別名長蟲，所以蜑字中的延就是長，西漢揚雄《方言》卷一：「延，長也。」這個字是一個古老的世界同源字，蛇的突厥語是 yilan，柯爾克孜語的 cilan，荷蘭語是 slang，延就是 yilan。從 cilan、slang 來看，其最早的讀音也接近 dan，這就是蜑的現代讀音 dan 的由來，最早的讀音可以構擬為 djian。這個讀音非常接近底 dei、地 djia，因為蛇生活在地下。蛇的聲旁是它，地的聲旁是也，它和也是一個字。

伊朗 Iran 和雅利安 Aryan 都是源自蛇 yialn，突厥人的 Y 染色體接近印歐人，印歐人的 Y 染色體 R 型源自 P 型，而 P 型主要分布在菲律賓的黯淡人 Aeta 和印度尼西亞的帝汶人之中。從 P 型分化出的 P1 型在黑龍江河口的尼夫赫人 Nivkh 人和貝加爾湖以西的圖瓦人 Tuvans 比例最高，其次在阿爾泰山北部和西伯利亞東部的一些民族中，說明印歐人是從東南亞的海岸，沿海北遷到東北亞海岸，再西遷到亞歐大陸內部。所以印歐人一直崇拜龍蛇，希羅多德《歷史》說中亞草原塞人 Saka 的祖先是蛇，塞人和伊朗人是同源民族。關於印歐

〔註19〕胡樸安編：《中華全國風俗志》下編，河北人民出版社，1986年，第331頁。

人早期的龍蛇崇拜，我將在另書詳證。因為疍民住在水邊，身上紋滿了蛇，所以被稱為蜑，就是蛇。

隋伐陳時，楊素用巴郡蜑民開船，攻破三峽，《隋書》卷四八《楊素傳》：「仲肅復據荊門之延洲。素遣巴蜑卒千人，乘五牙四艘，以柏檣碎賊十餘艦，遂大破之，俘甲士二千餘人，仲肅僅以身免。」

六朝江南還有越人的鳥了船，《梁書·王僧辯傳》：「及王師次於南洲，賊帥侯子鑒等率步騎萬餘人於岸挑戰，又以［舟鳥］［舟了］千艘並載士，兩邊悉八十棹，棹手皆越人，去來趣襲，捷過風電。」我認為鳥了即須慮。《越絕書·吳內傳》的漢越對照《維甲令》：「越人謂船為須慮。」上古音鳥了 tyu-lô 和須慮 sio-lia 接近，也即舳艫 duk-la，《漢書·武帝紀》說漢武帝劉徹：「自尋陽浮江，親射蛟江中，獲之。舳艫千里，薄樅陽而出。」尋陽縣（今黃梅）有造船基地，《史記·淮南衡山列傳》：「南收衡山以擊廬江，有尋陽之船。」

鳥了船可能確實源自古人造船時對水鳥的模仿，西漢揚雄《方言》卷九說船頭：「或謂之艗艏。」郭璞注艗艏：「鷁，鳥名也。今江東貴人船前作青雀，是其像也。」《淮南子·本經》：「龍舟鷁首。」高誘注：「鷁，大鳥也。畫其像，著船頭，故曰鷁首。」司馬相如《子虛賦》：「浮文鷁。」《集解》引《漢書音義》：「鷁，水鳥也。畫其像於船首。」《元史》卷一二八《阿術傳》說阿術在鎮江獲黃鵠、白鷂船七百餘艘，這些船都是仿造鳥形。馬來人是越人南遷的一支，也有這種裝飾成鳥形的船。

馬來西亞歷史博物館的鳥形船

多槳船在明清潮州沿海還有，阮旻錫《海上見聞錄》卷一說：「鷗汀在潮州港口，其民強悍。有船百餘隻，加十八槳，水上如飛。遇大船以繩絆其舵，牽之入港，小船即攻殺之。海舟至潮者，往往被其劫掠，殺害甚多。」鷗汀在今汕頭龍湖區，其北有吉貝、龍美（龍尾）、疍家園等村，東南有珠池。鷗汀原來在海邊，現在因為三角洲的淤積稍稍遠離海岸。

我認為鷗汀可能源自甌疍或烏疍，元代陶宗儀《南村輟耕錄》卷：「烏蜑戶，廣東採珠之人，懸絚於腰，沉入海中。良久得珠，撼其絚，舶上人挈出之。葬於黿鼉蛟龍之腹者，比比有焉。有司名曰烏蜑戶，蜑音但。」烏疍指其膚色較黑，現在澄海等地還有一些人膚色較黑，嘴唇較厚，長相類似南島民族。《逸周書・王會》的甌鄧，可能也是同源字，也可能是甌、鄧（疍）。

中國西南本來是百越民族的起源地，中國雲南、廣西、四川、貴州及越南、老撾等地發現的古代銅鼓上也有羽人競渡紋飾，船的首尾翹起，多有裝飾。有的是單體船，有的是兩隻船合成一個方舟，又名舫，在太平洋諸島也常見。[註20] 因為海洋航行需要足夠大的船，所以方舟更加安全。

廣州南越國青銅壺花紋

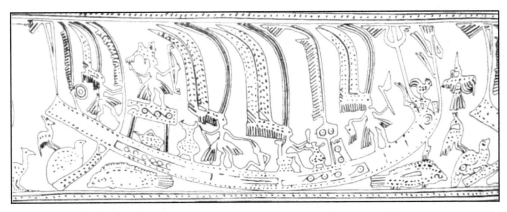

〔註20〕李偉卿：《銅鼓船紋的再探索》，黃德榮、李昆聲：《銅鼓船紋考》，陳麗瓊：《銅鼓船紋補釋——兼論越人航渡美洲》，《中國銅鼓研究會第二次學術討論會論文集》，文物出版社，1986 年。

廣西西林縣銅鼓船紋

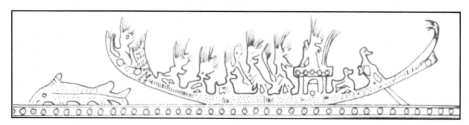

雲南晉寧石寨山銅鼓殘片船紋

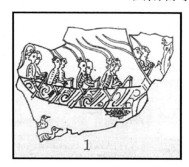

越南銅鼓船紋出土地

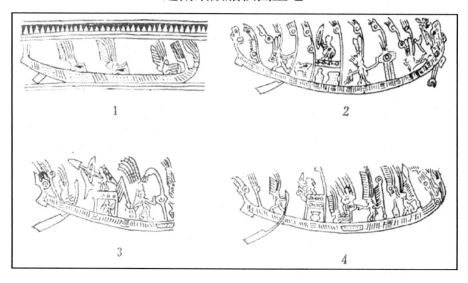

1. 東京，2. 玉縷，3. 黃下，4. 河東

臺灣蘭嶼的達悟（雅美）族大船

新西蘭毛利人木船模型

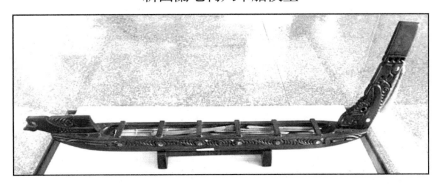

浙江台州出土的漢代船形陶灶

廣州皇帝崗出土西漢木船模型複製品

廣東德慶出土東漢陶船模型

廣州先烈路出土東漢陶船模型複製品

　　弘治《八閩通志》卷十二《地理》福寧州白水江：「《舊記》云，閩之先居海島有七種：盧亭、白水郎、樂山、莫徭、遊艇子、山夷、雲家之屬是也。

此江在州西南一百七十里，先是白水郎停舟之處因名。」〔註21〕南宋《輿地紀勝》卷一二八福州《景物下》：「白水江在長溪縣，《舊記》云閩之先，居於海島者七種，白水郎其一也。」〔註22〕《三山志》卷六《海道》引《舊記》說白水江在霞浦縣東北一百七十里，而非西南，即今沙埕港。〔註23〕

　　浙東南的原住民是南島民族，《太平御覽》卷七八〇引孫吳沈瑩《臨海水土異物志》：「安家之民，悉依深山，架立屋舍於棧格上，似樓狀。居處、飲食、衣服、被飾與夷州民相似。父母死亡，殺犬祭之，作四方函以盛屍。飲酒歌舞畢，仍懸著高山岩石之間，不埋土中作冢也。今安陽、羅江縣民是其子孫也。」安陽是羅陽，西晉改安固，在今瑞安，羅江縣在今閩北，二縣的安家人和夷洲（臺灣）人風俗相似，凌純聲從干欄建築、崖葬、獵頭、鑿齒、木鼓、犬祭六個方面，論證臺灣原住民和安家人同源。〔註24〕

　　福州話的曲蹄不是盧亭的音訛，因為疍民長期坐在小船裏，所以腿部彎曲畸形，因而得名。陳文濤《福建近代民生地理志》：「蛋族，以其生長船中，兩足俱曲，故曰曲蹄。」〔註25〕世界上很多水居民族都有類似的畸形，在太平洋對岸的北美洲西北部海岸，居住著西北印第安人。早期歐洲探險家反覆提及這一帶印第安人，胸部和上肢骨架粗大，肌肉發達，但下肢則比歐洲人短得多，骨架、肌肉發達程度也略遜，不少人的下肢還出現了嚴重的畸形，有不少羅圈腿。由於西北印第安人長期生活在海上，世代在獨木舟中搖槳捕魚，因此上肢得到了充分的鍛鍊，變得十分粗壯，而下肢長期彎曲在舟內，一定程度上退化了。〔註26〕《海外南經》說交脛國人交脛，《淮南子‧地形》作交股民。郭璞注：「言腳脛曲戾相交，所謂雕題、交趾者也。或作頸，其為人交頸而行也。」交趾見於《墨子》、《韓非子》、《呂氏春秋》、《淮南子》，交趾就是疍民，雙腿彎曲，故名交股、交脛、交趾。因為從長江流域到嶺南的

〔註21〕〔明〕黃仲昭：《八閩通志》，福建人民出版社，1990年，第225頁。

〔註22〕〔宋〕王象之撰、李勇先校點：《輿地紀勝》，四川大學出版社，2005年，第4031頁。

〔註23〕〔宋〕梁克家：《三山志》，影印萬曆四十一年（1613年）刻本，方志出版社，2004年。

〔註24〕凌純聲：《古代閩越人與臺灣土著族》，《中國邊疆民族與環太平洋文化》，臺北：聯經出版事業公司，1979年，第363～387頁。

〔註25〕林蔚文：《福建疍民名稱和分布考》，《東南文化》1990年第3期。

〔註26〕高小剛：《圖騰柱下：北美印第安文化漫記》，北京：三聯書店，1997年，第49頁。

早期交通以水路最便捷，所以最早接觸到的都是沿海民族。所以《山海經·海內南經》說：「甌居海中。閩在海中。」

第二節　江浙和山東的蜑民文化

古代浙東島民穿草衣（卉服），《禹貢》揚州：「島夷卉服，厥篚織貝。厥包橘柚錫貢。」宋代瓊州（今海口）地方志說：「南中所出木綿、吉布、芋蕉、麻皮，無非卉也。」〔註 27〕有學者認為包括樹皮衣。〔註 28〕包是柚子，別名香拋，廈門、福州話說 pau，溫州話是 pɔ，壯語是 pau、puk、pok。〔註 29〕

吳越都在水鄉澤國，《國語·越語上》伍子胥說：「夫吳之與越也，仇讎敵戰之國也。三江環之，民無所移，有吳則無越，有越則無吳，將不可改於是矣。員聞之，陸人居陸，水人居水。夫上黨之國，我攻而勝之，吾不能居其地，不能乘其車。夫越國，吾攻而勝之，吾能居其地，吾能乘其舟。」中國最早的海戰記載就是吳國海軍北伐齊國，《左傳》哀公十年（前 485 年）：「徐承帥舟師，將自海入齊，齊人敗之，吳師乃還。」

春秋戰國時期的吳越人名還是費解的越語，地名多帶諸、勾、句、姑、無、烏、於、無、朱、餘等字，現在保留在江浙的越語地名還有盱眙、無錫、句容、諸暨、餘姚等。

春秋吳人還是紋面、黑齒，《戰國策·趙策二》說：「被髮文身，錯臂左衽，甌越之民也。黑齒雕題，鯷冠秫縫，大吳之國也。」《海外東經》黑齒國：「為人黑，食稻啖蛇，一赤一青，在其旁。」《楚辭·招魂》：「南方不可以止些，雕題黑齒。」《呂氏春秋·求人》：「（禹東至）黑齒之國」。樊綽《蠻書》說南詔南有黑齒蠻，唐朝有大將百濟人黑齒常之，《嶺外代答》卷六《食檳榔》：「自福建下四川與廣東、西路皆食檳榔者……每逢行人則黑齒朱唇。」吳人鯷冠，《後漢書·東夷傳》說：「會稽海外有東鯷人，分為二十餘國。」

南島民族被稱為外越，《越絕書·記地傳》：「句踐徙治山北，引屬東海，

〔註 27〕〔宋〕王象之撰、李勇先校點：《輿地紀勝》卷一百二十四瓊州風俗形勝島夷卉服條引郡志，第 3931 頁。此句原為無非花卉也，據《方輿勝覽》卷四三瓊州改。

〔註 28〕吳春明：《「島夷卉服」、「織績木皮」的民族考古學新證》，《從百越土著到南島海洋文化》，第 187～202 頁。

〔註 29〕周振鶴、游汝傑：《方言與中國文化》，上海人民出版社，2006 年，第 114～115 頁。

內、外越別封削焉……富陽里者，外越賜義也。」同書《記吳地傳》：「婁門外力士者，闔廬所造，以備外越。婁北武城，闔廬所以候外越也，去縣三十里。今為鄉也。宿甲者，吳宿兵候外越也，去縣百里，其東大冢，搖王冢也。」外越從海上攻吳，所以吳人在婁門、北武城（在今崑山巴城鎮潭村）。

吳越的舟船之名也有南島語，《左傳》魯昭公十七年（前525年）說楚人大敗吳師，獲吳王的乘舟餘皇。《說文》卷八作艅艎，我認為艅艎出自臺灣原住民語言的大船 avang。

餘杭（今臨安）是運鹽渡口，因為《越絕書》卷八說：「朱餘者，越鹽官也。越人謂鹽曰餘。去縣三十五里。」東南人把渡口稱為杭，由船義引申而來，即今杭州一名由來。

揚雄《方言》說狹長而深的船稱差符，我認為即馬來語小船 sampan，漢譯是舢板。現在中國東南沿海的嶼讀 si 或 su，現在日語的島是 shima，二者可能有關。

越人繼續沿海北上，到達山東半島，人類學家發現遠古山東的大汶口文化人的體質接近太平洋原住民。而且大汶口文化一些獨特的習俗後來都能在琉球、臺灣及中國大陸南方等地看到，比如拔牙、扁頭等。先秦時期的山東地名很多帶有夫、不等字開頭，和吳越上古地名也很像，這些都是越語的殘存。〔註30〕考古學者觀察到大汶口文化的拔牙習俗時間比江南、臺灣、日本及中國西南、嶺南的拔牙習俗時間早，認為可能是先產生於山東，這至少表明中國東部海域在很早時期就有密切的航海活動，所以才有習俗的流傳。

上古中原人說東夷、西戎、南蠻、北狄，夷其實就是越，《越絕書》卷三《吳內傳》的《維甲令》說：「習之於夷。夷，海也。」夷就是海，《詩經·商頌》：「相土烈烈，海外有截。」魯國征服東夷，疆域達海，《魯頌·閟宮》：「奄有龜蒙，遂荒大東。至于海邦，淮夷來同……保有鳧繹，遂荒徐宅。至于海邦，淮夷蠻貊。」東夷擅長航海，所以《論語·公冶長》記孔丘說：「道不行，乘桴浮於海。」

齊人擅長航海與經商，《史記·封禪書》說：

> 自威、宣、燕昭使人入海求蓬萊、方丈、瀛洲。此三神山者，其傳在勃海中，〔註31〕去人不遠。患且至，則船風引而去。蓋嘗有

〔註30〕周振鶴、游汝傑：《方言與中國文化》，第139～141頁。
〔註31〕很多學者以為此處原文應是其傳在勃海中，傳、傳形近而訛。

至者，諸仙人及不死之藥皆在焉。其物禽獸盡白，而黃金銀為宮闕。未至，望之如雲。及到，三神山反居水下。臨之，風輒引去，終莫能至云。世主莫不甘心焉。及至秦始皇併天下，至海上，則方士言之不可勝數。

齊威王、齊宣王的時代，齊國的方士就瞭解到了東海的很多知識。這種風氣又北傳到了燕國，戰國時期的燕、齊方士往來於海上，求仙問藥，所以秦代才有齊人徐福東渡，秦漢的山東方士很多出自戰國的鄒衍門徒。《史記・孟子荀卿列傳》記載的鄒衍大九州說認為，中國九州是世界的 1／81，最外面是大瀛海。我認為瀛就是洋，揚雄《方言》卷十一：「蠅，東齊謂之羊。」郭璞注：「此亦語轉耳，今江東人呼羊聲如蠅。」膠東人把蠅讀作羊，所以瀛就是洋。因為齊人知道黃海、東海的外面有日本列島、琉球群島、臺灣、菲律賓群島，外面是太平洋（大瀛海），所以出現大九州說。我已經考證蓬萊是呂宋島，方壺是澎湖島，瀛洲是臺灣島，員嶠是屋久島，岱輿是九州島。〔註 32〕

朝鮮半島出土很多燕國明刀，日本廣島縣、佐賀縣也曾發現，沖繩縣出土還出土兩枚燕明刀，李學勤認為源自遼東到朝鮮、日本、琉球的航線，〔註 33〕據說沖繩諸島還出土了漢代的五銖錢，八重山群島還發現貨布錢。〔註 34〕

山東青州戰國齊王墓出土波斯銀盒，口沿有埃蘭文，年代約在西元前 9～6 世紀，山東戰國古墓還出土了地中海東岸的玻璃珠，〔註 35〕這些都證明齊國在海外交通範圍很廣，來自西亞的文物很可能是經過華南沿海轉運到山東半島。

江淮有魚蠻子，蘇軾《魚蠻子》詩云：「江淮水為田，舟楫為室居。魚蝦以為糧，不耕自有餘。異哉魚蠻子，本非左衽徒。連排入江住，竹瓦三尺廬。於焉長子孫，戚施且侏儒。擊水取魴鯉，易如拾諸途。破釜不著鹽，雪鱗芼青蔬。一飽便甘寢，何異獺與狙。人間行路難，踏地出賦租。不如魚蠻子，駕浪浮空虛。空虛未可知，會當算舟車。蠻子叩頭泣，勿語桑大夫。」王象

〔註 32〕周運中：《上古東南海外五大神山考實》，《海交史研究》2016 年第 1 期。又見周運中：《道士開闢海上絲綢之路》，花木蘭文化事業有限公司，2020 年，第 35～62 頁。

〔註 33〕李學勤：《沖繩出土明刀論介》，《中國錢幣》1999 年第 2 期。

〔註 34〕王仲殊：《王仲殊文集》第 3 卷，社會科學文獻出版社，2014 年，第 277 頁。

〔註 35〕林梅村：《絲綢之路考古十五講》，北京大學出版社，2005 年，第 105 頁。

之《輿地紀勝》卷第一百二：「蜑家，蜑家即江淮所謂魚蠻子也。自為雛時，母負而躍，已與風濤相忘。」

湖北也有魚蠻子，南宋趙蕃《章泉稿》卷二《艤舟楊口叩居人以何時縛屋於此何時復去云我乃雁泊人戶，冬來春乃去》詩云：「戶戶魚蠻子，年年雁泊人，生資持網罟，遷徙逐冬春，岸俗從渠變。鄉鄰自我親，殊勝倦遊者，渺渺愧風塵。」楊口是揚水入處，在今潛江西北。

江淮魚蠻子從運河北遷到山東的南旺湖（今微山湖），明代嘉定人唐時升《三易集》卷六《舟行青齊道中》詩云：「忽聞喚同伴，果是故鄉聲。南旺魚蠻子，巢居亦有徒。隨船賣菇米，身自食蒲盧。」

第三節　香港大嶼山岩洞的遠古手印岩畫

一般認為，香港岩畫的最早文獻記載是清代嘉慶二十四年（1819 年）《新安縣志》所說：「石壁畫龍，在佛堂門，有龍形刻於石側。」佛堂門即東龍洲和大陸的海峽，此處岩畫在今東龍洲，也是香港現在發現的岩畫中最大的一幅。東龍洲的名字可能源自這幅岩畫有關，源自古代越人的蛟龍（灣鱷）崇拜。唐代韓愈在潮州有《祭鱷魚文》，北宋潮州通判陳堯佐有《戮鱷魚文》。

香港現在發現 8 處岩畫，即東龍洲岩畫、大嶼山西南角石壁岩畫、蒲臺島岩畫、九龍的龍蝦灣岩畫、九龍的滘西洲岩畫、長洲島岩畫、香港島南部黃竹坑岩畫、香港島東南大浪灣岩畫。這些岩畫點大多處在背向外海的小港灣或小海灣裡，只有黃竹坑離海較遠，可能與海陸環境變遷有關。〔註36〕

〔註36〕李世源：《珠海寶鏡灣岩畫判讀》，珠海出版社，2006 年，第 5～8 頁。

香港岩畫分布地圖

　　我發現北宋龐元英的《文昌雜錄》還有一則珍貴的香港岩畫史料，清代來集之《倘湖樵書》卷五《動植泉石靈異有時日可刻》說：

　　　　《文昌雜錄》廣州大奚山洞，端午間土人以紙墨手摸石壁，覆紙刷之，得咒語藥方之類，見自然方藥條下。

　　廣州大奚山（大嶼山）有山洞，端午節時，當地人用墨水塗手，摸洞穴石壁，再用紙覆蓋墨蹟，於是得到咒語藥方。

　　元吳萊《淵穎集》卷九《南海山水人物古蹟記》：

　　　　大溪山，在東莞南大海中，一曰碙州。山有三十六嶼，山民業魚鹽，不農。宋紹興間招其少壯置水軍，嘯聚遂虛其地。今有數百家徙來，種薯芋、射麋鹿，時載所有至城易糴米去。〔註37〕

　　南宋葉適《水心集》：

　　　　大奚孤峙海中，去州一潮汐，民煮鹽自業，漁採、亡命群聚。

　　〔註38〕

　　清鄭光祖《醒世一斑錄·雜述三》蜑氣：

〔註37〕〔元〕吳萊撰、〔明〕宋濂編《淵穎集》，《影印文淵閣四庫全書》第 1209 冊，第 167 頁。

〔註38〕〔宋〕葉適撰、〔明〕黎諒編《水心集》卷十八《華文閣待制、知盧州錢公墓誌銘》，《影印文淵閣四庫全書》第 1164 冊，第 347 頁。

廣東沿海之鄉，每於夏月得睹海中蜃氣，而尤以廣州東莞縣城
南二百四十里所屬之缺口巡司海邊為最。其海名合蘭海，即珠池也，
明代曾採珠於此。海中有大奚山，匯深澳、桑洲、零丁三江之水，
漩洄而黝黑，有龍窟焉。〔註39〕

大奚山（大溪山）的居民不事農業，捕魚，採珠，煮鹽，狩獵，用魚、
鹽換取漢人的米糧，顯然是越人。

南宋王象之《輿地紀勝》卷八十九廣州：

大奚山，《南海志》：在東管縣海中，有三十六嶼，居民以魚鹽
為生。《朝野雜記》云，大奚山者在廣東島中，慶元三年提舉徐安國
捕鹽，島民嘯聚為盜，劫高登為首，殺平民百三十餘人，經略雷濟
與安國素有隙，以生事聞於朝，盡執島民戮之無噍類。詔罷安國，
以錢之望知廣州。象之嘗聞婺之士友鄭岳云，岳曾作館於廣州。是
時賊勢猖獗，福州有延祥寨水軍，海寇畏之。錢帥申請於朝，乞差
延祥將官商榮將兵以往，而大奚山之人用木支格以釘海港，官軍不
知蹊徑，竟不能入。而島民盡用海舟，載其弩以廣州，州兵敗止，
再潮達城下，州民散避賊。會官船水手者，善跳船，與賊首之船遇，
乃從檣竿上飛過，斫斷其帆索。帆墜，船不能進，賊船遂□，商榮
因用火箭射之，敗遂大敗。

大奚山有三十六島，顯然不止大嶼山一個島，而是包括周圍很多島嶼，
應該還有大嶼山南面的萬山群島。三十六是概數，泛指今日香港地區南部和
萬山群島的諸島。這裡的原住民劫掠海上，被宋軍殺死很多。後來官軍調來
福建的水軍征討，但是大嶼山人封鎖港口，官軍不能進入。於是島民大舉興
兵，攻打廣州城，官軍最終勝利。所謂殺光島民，當然不可能，所以直到明
清時期，還有老萬山盧亭也即疍民的記載。

天順《東莞縣志》卷一《山川》說：「大奚山在縣南大海中，有三十六嶼，
居民不事農桑，不隸征徭，以魚鹽為生。」所謂不隸征徭，是不在稅賦徭役
之列，與瑤族無關。瑤族的名字也與徭役無關，後世附會說瑤族的原名莫徭
是不征徭役得名，這是漢人的誤解。莫徭急讀就是苗，瑤族是從苗族分化出
的民族，所以最初的名字就是苗的緩讀。

〔註39〕〔清〕鄭光祖：《一斑錄》，《續修四庫全書》第1140冊，第128頁。

蕭國健認為香港的原住民包括瑤族、畬民、越民，現在畬字地名多在新界，越民留下的地名多帶有洞字。〔註40〕我認為大嶼山的原住民不是瑤族，瑤族是內陸民族，不大可能遷到海上的大嶼山。最早的原住民僅有越民，畬民即畬族，遷入較晚，畬族是從瑤族分化出的民族。

大嶼山的山洞岩畫，前人未曾考察，不知今日是否有所保留。其實這則史料非常寶貴，使我們知曉宋代的古人如何繪製岩畫。手印岩畫在世界各地岩畫中都很常見，但是現代人不知其涵義，多虧中國豐富的文獻保留了古人製作岩畫的方法。這則史料還告訴我們，手印岩畫其實是製作藥方的工具。

不過由於是宋代文獻，所以我們不知道這是不是上古時期的原貌，或許是後世巫師或道士改造。但是在沒有其他文獻的情況下，我們還是認為手印岩畫和咒語藥方有關。上古時期，還沒有紙墨，所以這可能是後世改造的程序。但是上古時期可能有其他工具作類似行為，至少也是在洞穴內部，也是用手印作畫。

現在發現的香港岩畫都不是在洞穴內，而是露天的山岩，香港岩畫最大的特點是內容為一些抽象的圖形。〔註41〕東龍洲的岩畫以飛龍為主，大嶼山、蒲臺島岩畫都是雲雷紋，龍蝦灣、黃竹坑、滘西洲岩畫都是幾何形的鳥獸，長洲島、大浪灣岩畫是幾何形的獸面。顯然這些具象的岩畫和大嶼山洞穴內的手印岩畫有很大不同，而古代的大嶼山人之所以到洞穴內通過手印岩畫取代咒語藥方，可能是因為古人認為洞穴內部是神靈所居，至少是大自然的神力蘊藏之地。通過手印可以和山體交流，獲得一定神力。

繪製手印的時間是端午節，又名端陽節，有掛艾草、沐蘭湯、飲雄黃酒以求躲避五毒的傳統習俗，此時天氣轉熱，所以疾病增多，需要採藥治病，宋代陳元靚《歲時廣記》卷二二採雜藥引《荊楚歲時記》佚文說：「五月五日，競採雜藥，可治百病。」端午節起源於中國南方的楚越之地，夏天毒蟲和疾病較多。潮州市端午節還有採草藥的習俗，這是古俗。

香港現在發現的九處岩畫中，出現多處迴環紋，很可能源自蛇紋，所以端午節在大嶼山的山洞製作岩畫很可能含有驅蛇因素。世界很多地方都把蛇當成海神，所以蛇崇拜與航海有關。〔註42〕

〔註40〕蕭國健：《香港古代史》，香港：中華書局，2006年，第24頁。
〔註41〕劉兆復：《古代岩畫》，文物出版社，2002年，第155頁。
〔註42〕錢江：《古代航海文明圈的蛇圖騰信仰與海神崇拜》，上海海事大學、中國海

　　貴州貞豐縣岩畫和寧夏賀蘭山岩畫都有手印，最近青海剛察縣首次發現青藏高原的彩繪手印岩畫。〔註43〕歐洲舊石器時代洞穴岩畫，就有很多手印，通過對法國、西班牙的個別洞穴手印岩畫的碳放射測試，發現時間在 25000年前。〔註 44〕澳大利亞北部的阿納姆高原是原住民的聖地，原住民現在還有創作岩畫的傳統，就有手印岩畫。〔註 45〕澳大利亞的原住民從非洲走出，路過亞洲南部，所以現在的菲律賓、馬來西亞和印度洋東部的安達曼群島還有一種矮黑人，和非洲人的親緣關係很近。因此香港大嶼山的手印岩畫的傳統可能非常久遠，可能有萬年以上的歷史。美洲最南端的阿根廷巴塔哥尼亞高原有很多岩畫，洛斯·瑪諾斯洞穴（Cueva de Las Manos）岩畫經碳十四測定，可能在 9300 年前。這個洞穴中的手印岩畫可能有數千個，現在保留的手印約有 830 個。〔註46〕加拿大魁北克岩畫和智利沿海，都有手印。

　　岩畫學家對手印岩畫的解釋很多，都沒有任何歷史文獻依據。現在我們唯一可以依賴的古代文獻就是《文昌雜錄》的大嶼山手印岩畫記載，祈求咒語藥方可能是一個重要原因。

　　　　洋學會編：《中國民間海洋信仰研究》，海洋出版社，2013 年，第 3～11 頁。
〔註43〕喬虹、張建林、賈鴻鍵、王倩倩：《青藏高原首次發現史前彩繪手印岩畫》，《中國文物報》2020 年 2 月 7 日第 8 版。
〔註44〕劉兆復、邢琏：《世界岩畫Ⅱ歐、美、大洋洲卷》，文物出版社，2011 年，第66 頁。
〔註45〕劉兆復、邢琏：《世界岩畫Ⅱ歐、美、大洋洲卷》，第 276 頁。
〔註46〕劉兆復、邢琏：《世界岩畫Ⅱ歐、美、大洋洲卷》，第 221～223 頁。

香港屯門浪湧遺址的石鉞

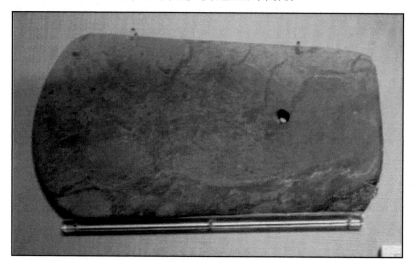

大嶼山石壁採集的人面
銅劍

南丫島大灣遺址出土的石串飾

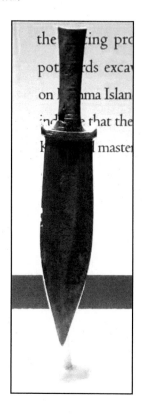

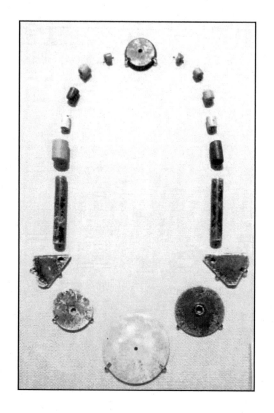

第四節　東南遺存的越語地名

現在深圳市有布吉街道，布吉即馬來語的山丘 bukit，東南亞的閩南人又譯為武吉。布吉在深圳的東北，正是山丘。

廣東的珠江三角洲及其以西，有很多源自非漢語的小地名：

新會：古猛、古斗、那鄧

台山：那潭、那琴、那扶、那才、那涯、那陵

恩平：那吉、那芬、那滘、那西朗、雲禮

鶴山：雲羅、崑崙逕、古勞

高明：雲河、雲勇、吉受

高要：雲美、雲九、雲料、祿步

廣寧：盆八、雲幫口、南番

新興：那康、裏洞

羅定：扶味坑、勒渣、䓹汶、䓹兵、䓹升、雲致、六沖

雲浮：雲利、䓹豆、䓹煲、古律

德慶：䓹袍、䓹磨、䓹帶塘、䓹逢塘、䓹撥、䓹龍、䓹雪、蔞洞、都合、都洪、雲樓、雲首、社勞

鬱南：䓹塘、孟雲、古同、古羅、古備、古勿塘、古元、知備、雲南

封開：古羅、古康、古靖、古欖口、古達、力馬、社貴、多連、䓹厄、䓹麥、䓹田、䓹汶、雙味、羅演、羅床、思扶、思留遠、都羅口、都平口、扶筆、扶學、吉羨、六耳

懷集：六蘇、六蒙、六竹、雙六、雙燕、雙攏、雙莫、扭蒙、鴨六江、略我、本吉、詩洞

陽江：那鄧、那簡、那雙、那陳、那慶、那寨、那塘、那棟、那岳、那馬河、那味閣、那堪、那貢、那八、那頓、那龍、那洋、那僚、那榭、那站、那畏、那過、那義、那鑊、頓同、羊六、麻茶、麻蒙、麻禮、麻故、摩旱、樑冷、地拿、豆啦、叮啦、六燕、北洛、力岸、白雪、六結、北慣、北甘、北政、羅琴

陽西：那塱、那厚、那西、麻良、祿藍

陽春：那軟、那座、那梭、那到、麻辣、雲霍洞

電白：那行、那莊、那花、那合、那銀、那霍、南班、博賀

湛江：麻斜、麻章、那柳、那洪、那光、那凡、那昆、那甘尾、那晏仔、

博立、調白、調軍、文參、文丹、丹務、雲腳、卜品、邁旺、邁旗、邁龍、北邏、北金、大辣

吳川：那孔、那西、那梧、那菉、那羅、調德、調旦、博茂

徐聞：那愛、那湯、那鬱、那山、那灣、那插溝、那有、那塘、那宋、那朗、那策、那松、那屋、那滿坑、那郎、博賒、雲仔、雲路、邁利園、邁墩、邁穩、邁老、邁熟、邁戴、邁顏、調曉、外羅、六花溝、北龍、北鳌、北旺、北臘溝、博愛、博僚仔

海康：那南、那膽、那南、那嶺、那宛、扶茂、扶康、扶合、那雙、那平、調乃家、調風、邁生、調錯仔、邁港、邁創、邁炭、甲六、北插、卜禮、卜剴、茂膽、祿馬、祿高、白兩、六州

遂溪：那梭、調豐、邁坦、邁典

廉江：那榕、那庇、那凌、那彭、那頂、六深、凌祿

茂名：那坑、那梭、茂名、茂芝、茂坡、博郡、羅祿、頓標

化州：那播、那梨、那務、那浪、麻簡、麻科山、博青、六州、六坡、六雲、六嶺、六山塘

高州：那射、茂蘭、六羅、六行、六迪、六進、頓梭

信宜：古令、六利、六雙、六卜、六一、六雲、六櫃

越語的那是水田，六是山谷，越往西，山越多，所以帶六、罾（潭）字的地名越多，那字地名越少。博是水口，所以博字地名多在海邊，博賀、博茂都在海邊，海豐有博社、博美、博頭。

罾即潭，陸次雲《峒谿纖志》：「德慶有罾瑤山、罾翁山，皆熟瑤所居，瑤曰罾瑤，瑤之長曰罾翁，其人曰罾馬。瑤多以其人為馬，謂多力善走也。」

陽江和雷州半島的越語地名很多，但是夾在其間的電白、吳川卻不多，可能因為電白、茂名在南朝末年是漢化中心，而吳川因為在海口，每年出產大量米糧到閩南，所以有很多閩南移民。

越人居住在樓閣上，可以躲避毒蟲，防止濕氣。《太平寰宇記》卷一百六十三竇州信宜縣（今廣東信宜）說：「風俗：穀熟時，里閈同取戌日為臘，男女盛服，椎髻徒跣，聚會作歌。悉以高欄為居，號曰干蘭。」今陽西縣城之西有高欄村，就是源自越人的高欄。今珠海西南有高欄島，也是同源地名。

戴裔煊等人已經找出干欄的很多異譯，我還找到一條，《太平寰宇記》卷一百南劍州將樂縣：「百丈山，在縣北一百里。《建安記》云，百丈山鳥道，

昔越王於上設置臺榭，與撫州南豐縣分界，上有古蘭若存。」古蘭即干欄，即臺榭，在今將樂縣北一百里，在今建寧縣西北。

　　浙江餘姚河姆渡遺址不僅出土了 6000 多年前的干欄建築木柱，還發現了用獨木刻成的木梯。這種木梯在紹興漢墓出土的干欄建築模型上就能看到，現在邊疆一些地方還能看到。

　　雲南晉寧石寨山出土漢代干欄建築保留了古老的造型，兩邊的屋簷突出，屋頂外面覆蓋有交叉的木杆，側面可以看到是 X 型，現在日本的神社還保留了類似的屋頂。廣州出土的南越國房屋模型，可以清楚地看到屋頂覆蓋巨大的芭蕉葉，說明最早的越人房屋用樹葉蓋頂，所以必須要用交叉的木杆在外面壓住樹葉，這就是石寨山屋頂外面有交叉木杆的原因。後世把鴟尾附會為魚尾或燕尾，其實鴟尾是源自樹枝。

浙江河姆渡遺址的干欄建築木柱和木梯

紹興漢墓出土的干欄建築模型

雲南晉寧石寨山出土青銅干欄模型

雲南晉寧石寨山出土青銅干欄模型

保山博物館的佤族民居模型

廣州南越國房屋模型

廣西合浦出土東漢干欄建築模型

　　廣西合浦縣 1988 年 10 月母豬嶺 1 號墓出土東漢早期的干欄建築模型，牆壁通透，木構造型多樣，帶有熱帶建築特色。其下部的結構類似斗拱，不知是建築寫實還是下方某個構件的放大變異。廣州市博物館的兩件漢代干欄建築模型，一件下方似乎是土臺，一件的下方的結論似乎是兩個人形，不知是建築的寫實還是模擬人的活動景象。

廣州市博物館藏漢代干欄建築模型

貴州興仁縣交樂村東漢墓的干欄建築，屋頂是北方漢族風格，屋脊平直，還有瓦當，因為墓主是漢人官員，唯有房屋下方是南方風格。廣東博物館藏廣州漢墓出土的干欄建築模型，房屋風格也比較漢化。

貴州興仁交樂 19 號墓出土東漢
干欄建築模型

廣州漢墓出土干欄建築模型

明代嘉靖年間，葡萄牙人在廣東浪白澳貿易，在今珠海南水鎮。《後漢書·馬援傳》講到越南沿海地名浪白，明代《全廣海圖》的海南島浪白港在文昌清瀾之南、樂會縣之東，靠近今天的潭門港，浪白顯然是南島語地名。馬來語的 Lambok 指一種雙桅貨船，〔註47〕我認為很可能是浪白語源。或許就是南鵬的語源，陽江海陵島東南有南鵬列島，南澳島的東南也有南澎列島，應是同源地名。蘇門答臘島的南端有楠榜（Lampung）省，元代《大德南海志》稱為欖邦，明代《鄭和航海圖》譯為攬邦。

中國九龍（古龍、高龍）地名集中在南方，香港有九龍，閩南有九龍江，江西新餘、吉安、分宜之間有九龍山，都昌縣有九龍包，興國縣有古龍岡鎮，樂安縣、永豐縣之間有高龍山，安遠縣有九龍嶂，定南縣有古隆村，湖北通山縣有九龍山，湖南衡南縣有九龍村，邵東縣西南有九龍嶺，靖州縣有九龍山，張家界西南有九龍村，廣東高明有九龍村，高要有古龍村，貴州銅仁有九龍洞，安順有九龍山，廣西靖西縣有古龍山，隆林縣有九龍村。用電子地圖搜索九龍地名，可以發現主要在中國南方。

不少地方有九龍源自九條龍這樣字面解釋的傳說，其實很多是越人漢化

〔註47〕楊貴誼、陳妙華編：《馬來語大辭典》，新加坡：世界書局，1972 年，第 807 頁。

之後的附會，最早的九龍應是越語漢譯。九龍是南島語的山 gunung，《後漢書·西南夷列傳》說哀牢夷的祖先叫九隆，南洋人稱為崑崙，也即九龍。萬曆《雲南通志》卷十六說車里（今景洪）在九龍山之下，瀾滄江又名九龍江。其實著名的江西廬山，原名匡廬，我認為匡廬就是崑崙，讀音非常接近。現在廈門著名的鼓浪嶼，有人說是因為有一塊鼓浪石而得名，我認為這是訛傳，鼓浪嶼在九龍江口，源自九龍嶼。今四川彭州，因為有九隴山，西魏設九隴郡。〔註48〕

西漢在海南島設九龍縣，宋代人認為儋州感恩縣：「漢九龍縣地。」〔註49〕九龍縣城在今感城鎮感恩河口北岸，據說因為其東的一個小山九龍山得名。〔註50〕我認為感恩縣南界到今樂東縣西部，海南島沿海很少有山地，唯獨在東方市、樂東縣交界處有 1412 米的尖峰嶺，緊鄰海岸。因為海岸有高山，所以稱為九龍縣，九龍就是馬來語的山 gunung，所以在此設縣，扼守山海之間的通道。

福建連江縣有：「荻蘆山在縣南三十里。先名九龍山，山連石鼓山而來。古老傳云，秦始皇令掘斷山脊，乃見蘆根一莖長數丈，斷之有血，因名荻蘆山。」〔註51〕連江東南三十里是閩江口的粗蘆島，我認為荻蘆是馬來語的海灣 telok。連江縣東北的半島有苔菉鎮，也是 telok。

第五節　漢語海洋生物的南島語源

在中國東南沿海漢化之前，這裡的主要民族越人使用的是同源的侗臺語系和南島語系語言，漢語很多海洋生物的名字是南島語的音譯，很多表現為形聲字。這些名字的由來，前人有很多誤考，或者不曾關注，本文發掘一些，以探索早期中原和東南沿海的商業交流史。

珊瑚：sagay

珊瑚這兩個字的形聲構造其實已經暗示其源頭源自外語，美國的博物學

〔註48〕〔宋〕樂史撰、王文楚點校：《太平寰宇記》北京：中華書局，2007 年，第 1485 頁。

〔註49〕〔宋〕樂史撰、王文楚點校：《太平寰宇記》卷一百六十九儋州，第 3233 頁。

〔註50〕鄭瑤新：《東方市文物志》，《東方文史》第十三輯（文物專輯），2013 年，第 48～51 頁。

〔註51〕〔宋〕樂史撰、王文楚點校：《太平寰宇記》卷一百福州，第頁。

大家勞費爾（Berthold Laufer）在其名著《中國伊朗編》明確說西亞的語言無一與漢語的珊瑚有關。〔註 52〕但是另一位美國的博物學大家謝弗（薛愛華，Edward Hetzel Schafer）說珊瑚源自古波斯文石頭 sanga。〔註 53〕我認為，謝弗之說疑點頗多，波斯人難道分不清石頭和珊瑚嗎？中國的珊瑚最北分布到澎湖，南洋處處有珊瑚，中國人難道要等到接觸到波斯人才知曉珊瑚嗎？

我認為漢語的珊瑚源自南島語，菲律賓的最大語言他加祿語的珊瑚是 sagay，讀音很接近珊瑚的上古音，因為胡的上古音是匣母魚部 ha，接近 ga，h 和 g 都是牙音，容易混淆。而東南沿海現在有的方言仍然混淆 h 和 g，比如閩南語的行 hang 讀為 giang，而粵語的 k 往往讀為 h，所以珊瑚無疑是源自南島語的 sagay。他加祿人（Tagalog）是菲律賓第二大族，主要居住在呂宋島等地，他加祿語是菲律賓的國語。他加祿語在菲律賓北部，靠近中國，所以漢語珊瑚很可能源自南海周邊。

古代南海盛產珊瑚，東晉葛洪輯《西京雜記》卷一：「漢宮積草池中，有珊瑚，高一丈二尺，一本三柯。上有四百六十三條。是南越王趙佗所獻，號曰烽火樹。夜有光，常欲然。」蕭梁任昉《述異記》：「鬱林郡有珊瑚市，海客市珊瑚處也。珊瑚，碧色，一株株數十枝，枝間無葉。大者高五六尺，尤小者尺餘。蛟人云，海上有珊瑚宮。漢元封二年，鬱林郡獻珊瑚婦人，帝命植於殿前，謂之女珊瑚。忽柯葉甚茂，至靈帝時樹死，咸以為漢室將衰之徵也。」〔註 54〕北宋樂史《太平寰宇記》卷一五七廣州東莞縣：「珊瑚洲，在縣南五百里，昔有人於海中捕魚，得珊瑚。」《扶南傳》：「漲海中，倒珊瑚洲，洲底有磐石，珊瑚生其上也。」〔註 55〕張勃《吳錄》：「交州漲海中有珊瑚，以鐵網取之。」〔註 56〕

珊瑚可製成帶、鞭等多種物品，曹植《美女篇》詩云：「明珠交玉體，珊瑚間木難。」蕭子顯《樹中草》詩云：「雖間珊瑚帶，非是合歡條。」〔註 57〕

〔註 52〕〔美〕勞費爾著、林筠因譯：《中國伊朗編》，北京：商務印書館，1964 年，第 355 頁。

〔註 53〕〔美〕謝弗著、吳玉貴譯：《唐代的外來文明》，中國社會科學出版社，1995 年，第 523 頁。

〔註 54〕〔宋〕李昉等：《太平廣記》卷四百三。

〔註 55〕〔宋〕李昉等：《太平御覽》卷六十九。

〔註 56〕〔宋〕樂史撰、王文楚點校：《太平寰宇記》卷一百七十交州土產，第 3252 頁。

〔註 57〕〔蕭梁〕徐陵編：《玉臺新詠》卷二、卷十。

唐代綦毋潛《題鶴林寺》詩云:「珊瑚寶幡掛,焰焰明燈燒。」崔國輔《少年行》詩云:「遺卻珊瑚鞭,白馬驕不行。」〔註58〕劉義慶《世說新語．汰侈》記載西晉權臣石崇與王愷鬥富,晉武帝賜舅舅王愷一株珊瑚樹,高二尺,枝柯扶疏,世罕其比。王愷示石崇,石崇用鐵如意擊碎。王愷惋惜,怒聲呵斥。石崇命左右悉取珊瑚樹償還,有三尺四尺、條幹絕世、光彩溢目者六七枚,如王愷者甚眾,王愷惘然自失。西晉有如此多的珍貴珊瑚,因為孫吳積極開拓海外貿易,派衛溫、諸葛直到夷洲(今臺灣),還想到徐福子孫所住的亶州,又派朱應、康泰出使扶南,記載上百海外國家。

玳瑁(tempurung)、蟕蠵(sisik)、玄武(honu)、句黽(kami)

玳瑁的構造類似珊瑚,也是形聲字,也採用玉旁。漢語的玳瑁,我以為是源自印度尼西亞語的龜殼tempurung,讀音非常接近玳瑁。現代馬來語的龜殼是sisik,但是遠古的tempurung一詞分布範圍可能更北,印度尼西亞語和馬來語大同小異,所以漢語很早出現此字的音譯。

玳瑁指一種海龜,張勃《吳錄》:「嶺南盧賓縣漲海中玳瑁,似龜而大。」〔註59〕玳瑁殼可製鞍、床、簪、簾等飾品,蕭梁沈約《登高望春》詩云:「寶瑟玫瑰柱,金羈玳瑁鞍。」庾丹《夜夢還家》詩云:「雀出豐茸樹,蟲飛瑇瑁梁。」蕭綱《倡婦怨情十二韻》詩云:「斜燈入錦帳,微煙出玉床。六安雙玳瑁,八幅兩鴛鴦。」劉孝綽《賦得遺所思》詩云:「遺簪雕玳瑁,贈綺織鴛鴦。」〔註60〕唐代萬楚《詠簾》詩云:「玳瑁昔稱華,玲瓏薄絳紗。」〔註61〕《西京雜記》卷六:「韓嫣以玳瑁為床。」其實應是用玳瑁裝飾的床。

唐代劉恂《嶺表錄異》:「蟕蠵者,俗謂之茲夷,乃山龜之巨者。人立其背,可負而行,產潮、循山中。鄉人採之,取殼以貨。要全其殼,須以木楔出肉,龜吼如牛,聲響山谷。廣州有巧匠,取其甲黃明,無日腳者(甲上有散黑暈,為日腳矣)煮而拍之,陷黑瑇瑁花,以為梳篦杯器之屬,狀甚明媚。」

蟕蠵、茲夷,我以為即源自馬來語 sisik。現代漢語稱海龜有綠蟕龜、紅蟕龜兩種,即源自此名。潮州、循州山中的是陸龜,可能是轉用海中的蟕龜之名,或是轉用馬來語的龜殼sisik之名。

〔註58〕〔唐〕殷璠編:《河嶽英靈集》卷中。

〔註59〕〔宋〕李昉等:《太平御覽》卷八百零七。

〔註60〕〔蕭梁〕徐陵編:《玉臺新詠》卷五、卷七、。

〔註61〕〔唐〕芮挺章編:《國秀集》卷下。

　　馬來語的陸龜是 tuntung、labi，海龜是 penyu，毛利語與夏威夷語是 honu，他加祿語是 pawikan，泰語是 tàò。毛利人與夏威夷人外遷較早，honu 可能是較早的讀音，接近漢語的玄武，玄武的上古音是 hyuan-mia，我已經指出玄武的原型是今中國南方的鷹嘴龜，學名平胸龜，是我國淡水龜中最特殊的一種。頭不能縮入殼內，性情兇猛，嘴尖尾長。《山海經・南山經》首篇杻陽山怪水：「其中多玄龜，其狀如龜而鳥首、虺尾，其名曰旋龜。」《中次六經》密山：「豪水出焉，而南流注於洛，其中多旋龜，其狀鳥首而鱉尾。」後代的中原人不知這種南方的龜，誤畫為龜蛇纏繞。〔註62〕漢語的贔屭，顯然也是源自某種南方語言的龜，上古音贔屭是 biet-xet，讀音很接近他加祿語的龜 pawikan。

鷹嘴龜

漢長安城遺址出土的玄武瓦當

西安草灘鎮李家村出土的玄武瓦當

〔註62〕周運中：《中國文明起源新考》，花木蘭文化出版社，2015 年，第 140～142 頁。

龜的上古音，王力擬為 kiuə，鄭張尚芳擬為 kʷɯ，但是日語讀為 kame，漢語的韻尾不存在 m，二者無關。但是印度東南部達羅毗茶語系的坎納達語是 ame，很接近日語，二者雖然距離遙遠，但是很可能有古老的共同來源。古漢語對海龜原無細緻分類，分類詞彙很可能借自南島語。

中古漢語有句黿，指一種海龜，讀音很接近 kame，很可能源自南島語，b 和 m 都是唇音，讀音非常接近。《隋書》卷六四《陳棱傳》記大業六年（610 年），楊廣派陳棱與張鎮周：「發東陽兵萬餘人，自義安泛海，擊流求國。」卷八十一《流求國傳》說：「自義安浮海擊之。至高華嶼，又東行二日至〔句黿〕黿嶼，又一日便至流求。」句黿就是海龜，清代黃叔璥《臺海使槎錄》卷三說臺灣：「句黿，龜屬，卵生，狀似鱉，四足漫胡，無指抓。大者百餘斤，小者數十斤。常從海岸赴山凹，鑽孔伏卵。」〔註63〕

南宋周去非《嶺外代答》說：「欽海有介屬曰黿，大如車輪，皮裏有薄骨十三片，如瑇瑁，今人用以為箆刀筒子者是也。瑇瑁背甲亦十三片，自然成斑紋。世言鞭血成斑，斯言妄矣。」楊武泉引《動物學大詞典》認為黿是綠蠵龜，而句黿是蠵龜。〔註64〕紅蠵龜又名紅海龜，北部棕紅色，主要在日本南部繁殖，這應該就是日語的龜 kame 源自句黿的原因。綠蠵龜因脂肪富含海藻的葉綠素得名，澎湖正是綠蠵龜的產卵地。

鮑魚：paua

漢語的鮑魚，無疑也是出自南島語，現代新西蘭的毛利語是 paua，讀音很接近鮑。現代馬來語雖然是 abalone，但是毛利人是從南海周邊南遷，他們所說的是古代南島語，所以鮑源自南島語可以成立。葛洪《抱朴子·仙藥》的七明九光芝，生在水中石上，狀如盤碗，有七孔、有九孔，可以提高視力。我已經指出，這就是鮑魚（九孔）。〔註65〕

章巨：tago

章魚不是源自身上有文章，雖然也有一些章魚身上有花紋，但是我們看到的普通章魚身上沒有花紋，所以我認為章魚是章巨的簡稱，顯然是音譯的

〔註63〕〔清〕黃叔璥：《臺海使槎錄》，第 68 頁。
〔註64〕〔宋〕周去非撰、楊武泉校注：《嶺外代答》，北京：中華書局，1999 年，第 388 頁。
〔註65〕周運中：《道士開闢海上絲綢之路》，第 279～281 頁。

非漢語。日語的章魚是 tago，柬埔寨語是 attakaa，章巨的上古音是 tçiang-gia，日語、柬埔寨語的章魚很接近章巨的上古音，漢語的章巨很可能源自南海周邊的語言。日本人是海洋民族，不需要從漢語借用常見海洋生物名字。柬埔寨的前身扶南、真臘都是海洋強國，也不需要從漢語借用章魚的名字。漢語的章巨名字，可能源自東南沿海的越人。

可見漢語中關於海洋的很多詞彙都是出自南島語，因為東南海上的越人最早認識這些物品，傳入漢地，音譯為漢語。所創造出的新字，多數是形聲字，如珊瑚、玳瑁、句鼊，珊瑚、玳瑁是用玉旁，把這些物品比作漢人熟悉的玉。也有直接用原有漢字，如章巨、鮑，一般是生活用品。

第四章　仡央族群北遷

　　有學者認為數千年的百越支系是東西分列，雒越在廣西與越南的北部，仡央在兩廣之交，侗水族群在廣東的東部與福建。〔註1〕

　　我以為嶺南的百越在數千年前是大體上是按照南北分為三群，最南的海南島上是黎族，兩廣是侗水族群和壯傣族群的共同祖先，可稱為侗壯族群，南嶺山地及其以北是仡央（卡岱）族群。這種分布符合地理，黎族居住在最熱的島嶼，侗壯族群居住在氣候稍冷的兩廣，仡央族群居地最高最冷，所以他們不僅北遷到雲貴高原和江西、江浙、福建，也西遷到比較乾冷的左右江上游。

　　仡央族群（卡岱族群）包括仡佬族、木佬人、布央人、拉基人、普標人、羿人等，取仡佬族的仡與布央人的央而名。

　　仡佬族有 57 萬人，在貴州、廣西、雲南、四川、重慶等地，分為花仡佬、青仡佬、紅仡佬、白仡佬等支系，分布地不連片，非常分散，方言多樣。貴州仡佬語的四個方言，稿方言 kau 分布在平壩、織金、安順、普定到水城縣，四川古藺和貴州畢節的羿人自稱 gau，接近 kau，說明稿人的分布範圍原來很大，其實稿 gau 就是仡佬 gelo 的快讀。阿歐方言 a-yu 分布在金沙、大方、黔西、織金、清鎮到鎮寧，哈給方言 ha-kei 分布在遵義、清鎮、紫雲、關嶺、貞豐、晴隆到廣西隆林，多羅方言 to-lo 分布在六枝到隆林。木佬人有 5 萬人，在貴州、凱里、黃平、福泉、都勻、甕安，自稱 qa-yo。布央人有數千人，在雲南富寧、廣南與廣西那坡縣，富寧縣布央自稱為 pu jaang，廣南縣布央自稱為 pa ha，那坡縣布央自稱為 ia rong。拉基人有數千人，在

〔註1〕徐傑舜、李輝：《嶺南民族源流史》，第 270 頁。

雲南馬關、麻栗坡縣，自稱為 li pu lio。普標人有千餘人，在雲南麻栗坡縣與越南河江省，雲南普標人自稱 qa biu，越南普標人自稱為 qa biau，也被稱為 la qua。越南的拉哈人在老街、安沛、山蘿省，有三千多人。越南的儂環人在高平省，有數百人，拉哈人與儂環人語言接近布央人。

我認為仡佬族中的 ha-kei 和黎族的 ha、gei 兩支有關，證明仡佬族和黎族同源，仡佬族在遠古北遷，黎族在遠古南遷。

第一節　仡佬、崑崙、高涼、高麗源自河谷

古人把貴州的侗臺語系民族統稱為仡佬，清代謝遂《職貢圖》有貴定縣剪髮仡佬，有平越、黔西等處打牙仡佬，有平遠州披袍仡佬、鍋圈仡佬，有鎮遠、施秉等處仡兜，有貴定、黔西等處木姥，又說：「荔波縣夷人有水、佯、伶、侗、徭、僮六種。」又有餘慶、施秉、鎮遠等處的水仡佬：「其人善捕魚，隆冬亦能入淵，故以為名。」

苗族稱木佬人為凱，凱里指木佬人的田，凱顯然是仡佬族中的 ha-kei，木佬語接近仡佬語，理應歸入仡佬族，但是被一些人誤歸入仫佬族。〔註2〕

仡兜現在施秉縣中洞灣等地仍然有分布，被漢人稱為革家，1939 年歐先哲編寫的《開陽縣志稿》說：「晉代邛、筰間有山獠，周武王時髳人也。其種蔓延於今之黔、粵，分為仡佬、木佬、仡當、仡兜諸部。今縣西有地名格舊，去修邑之格都堡為近。格舊、格都，俗猶以仡兜呼之，意昔必有獠人聚居其地者。」此處說仡佬、木佬、仡兜源自獠人是正確的觀點，但不是髳人，髳是苗族。格都堡是今修文縣六屯鄉，今開陽縣西南還有拐墮村。關嶺縣花江鎮塈口田村的廖姓革家人由黃平縣楓香寨遷來。

仡佬族源自百越，原來主要住在河谷。西晉《南中八郡志》說牂牁郡：「獠民喜食人，以為至珍美。不自食其種類也，怨仇乃相害食耳。能水中潛行數十里，能水底持刀，刺捕取魚。其人以口嚼食，並以鼻飲水。」〔註3〕

戴裔煊曾經詳細研究過古書中仡佬的各種異譯，比如獨獠、閣獠。我認

〔註2〕 吳國富：《仫佬族研究文集》，民族出版社，2018 年。
〔註3〕 此句出自《太平御覽》卷七九六引《永昌郡傳》，但王叔武輯《雲南古佚書鈔》（雲南人民出版社，1996 年）已指出《永昌郡傳》記載的八郡和《南中八郡志》相同，因此我認為這是《南中八郡志》的另一版本，因為永昌郡在前被誤以為是《永昌郡傳》。

為，仡佬的語源和越字一樣，也是河谷、低地。仡佬和窟窿同源，河谷就是大地的窟窿。窟窿是黑色，所以這個字引申為黑色，突厥語的黑色是 kara，梵語是 krsna，俄語變成了紅色 krsno，俄語黑色是 cornyj。又變成棕色，柯爾克孜語是 kuron，土耳其語是 kongur。高黎貢山因為有很深很長的峽谷，所以稱為高黎貢，引申為其北部的崑崙山。古代人稱南洋人為崑崙，崑崙實即仡佬，因為南島民族源自百越。《太平御覽》卷七八六引《南州異物志》說扶南王和大臣自稱崑崙，卷七八八引竺芝《扶南記》說扶南國王名崑崙。《通典》卷一八八說扶南王姓古龍，即崑崙。國王自稱崑崙，應該是指大山。《南齊書》卷三二《王琨傳》說他的小名是崑崙，《南史》卷二三《王琨傳》說他的母親是獠婢，獠通獠，說明崑崙人是獠人。獠的讀音是巢，接近爪，莊綽《雞肋編》卷上：「南方舉子至都諱蹄子，謂其為爪，與獠同音也。」抓就是掠、撩，現在閩南語的抓還讀成撩。

動物的長牙稱為獠牙，源自獠人的崇拜，湘西高廟文化陶器上常見獠牙的圖案，湘西原來也是仡佬的分布地。還有獠人用動物的獠牙裝飾在口中，《太平寰宇記》卷七七雅州（治今雅安）風俗：「邛、雅之夷獠……長則拔去上齒如狗牙，各以為華飾，今有四牙長於諸牙而唇高者，別是一種，能食人。無長齒者，不能食人。」食人是傳說，這種裝飾是為了嚇人。

湖南高廟文化白陶器露出口唇的四根獠牙及其變形圖

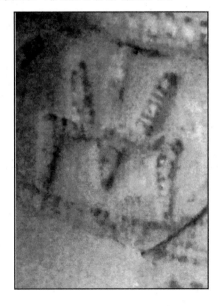

這種獠牙不是源自野豬，也不是源自已經滅絕的劍齒虎，而是南方原來常見的雲豹。雲豹的獠牙很長，生活在樹上，行動迅速。清代臺灣鳳山縣的傀儡番（在今屏東縣南部）：「土官內有戴豹皮帽者，名為居樓大羅房，如豹頭形，眼中嵌玻璃片，周圍飾以彩英，帽後綴以豹尾。亦有戴頭箍者，名奧曼。插以鳥羽十餘枝，參差排列，垂髮二縷，云係其妻之髮，衣熊豹皮。」首領戴臺灣雲豹皮帽，又有戴鳥羽冠，令人想到良渚文化玉器上的首領就是戴鳥羽冠，身下的猛獸還有獠牙，或許也是源自雲豹。

雲豹就是貙豻，《爾雅·釋獸》：「貙，似貍。」郭璞注：「今貙虎也。大如狗，文如貍。」《史記·五帝本紀》黃帝：「教熊羆、貔貅、貙虎，以與炎帝戰於阪泉之野。」《爾雅·釋獸》說：「貙獌，似貍。」郭璞注：「今山民呼貙虎之大者為貙豻。」貙獌是雲貓的音轉，大的貙獌是貙豻，則貙豻是雲豹。雲貓外形類似雲豹，但體型較小。雲貓和雲豹是競爭關係，雲豹和老虎也是競爭關係，但雲貓和老虎互不傷害，所以雲貓和老虎都在白天活動，雲豹在夜間活動，所以雲貓被稱為貙虎。東晉干寶《搜神記》卷十二《貙虎化人》說江漢之域有貙人，是貙虎所化，喜歡穿紫葛衣，腳無後跟。可能因為這個族群頭戴貓科動物皮帽，身穿皮衣，被誤傳為貙虎所化。

疍民的名字高梁源自仡佬，北宋樂史《太平寰宇記》卷一六七欽州（今廣西欽州）：「又別有夷人，名高梁人，不種田，入海捕魚為業。婚嫁不避同姓，用臘月為歲。」高梁應讀成 ko-lio，就是疍民。漢代在今陽江設高涼縣，高涼地名源自疍民。《山海經·中次九經》有高梁山，是今劍閣縣北的梁山。《太平寰宇記》卷一四九萬州南浦縣（今萬州）北四十里有高梁山，很可能都是源自北遷到四川、重慶的仡佬族。

越南沿海有屈獠洞，源自仡佬，《陳書》卷一《高祖紀上》：「（大同）十一年六月，軍至交州，（李）賁眾數萬於蘇歷江口，立城柵以拒官軍。（楊）瞟推高祖為前鋒，所向摧陷，賁走典徹湖，於屈獠界立砦，大造船艦，充塞湖中，眾軍憚之，頓湖口不敢進……是夜江水暴起七丈，注湖中，奔流迅激。高祖勒所部兵，乘流先進，眾軍鼓譟俱前，賊眾大潰。賁竄入屈獠洞中，屈獠斬賁，傳首京師，是歲太清元年也。」

連江縣馬祖列島的北竿塘島，南部的海灣叫渼雷灣，其實是 kole 灣。南竿塘島的西北部有科蹄澳，也即曲蹄澳。福州城南的閩江南臺島是疍民聚集地，西南有高螺頭，高螺即 colo。福建霞浦縣東南部的東沖半島，東北部有高

羅澳，高羅就是 colo，也即 kole。

漳浦縣南部有狹長的古雷半島，古雷也是 kole，福建水師提督竇振彪的《廈門港紀事》和大英圖書館所藏清代漳州人的《安船酌錢科》，都把古雷頭寫成古螺頭，也即 colo。靠近古雷頭的東山島，東部有古雷莊。漳浦縣的內陸，還有一個古羅村。

金門島的西北角是古寧頭，也即 kole。金門島的東南角有咕力岸，或許也是源自 kole。附近有料羅灣，有魚王公廟，料羅也是源自疍民語言，東南角是疍民的聚居地。廈門島的南部有一個海角是胡里山，也即 kole，這是一個海角，不在湖的裏面，兩側原來也不是平地。廈門島的北部還有湖里社，現在有湖里區，也是源自 kole。

廣東海豐東南沿海有高螺山、高螺村，也是源自疍民。台山的下川島東南部有一個小島，稱為格勒島，或許也是源自疍民。古代臺灣島最南部有傀儡番，傀儡是閩南語對 kale 的音譯，疍民和臺灣土著都是南島語系族群，所以有讀音近似的族名。

福州城南的閩江是疍民聚居地，歷代福州的《南臺竹枝詞》總會寫到疍民，清代趙涵的《南臺竹枝詞》說：「蜑人別種曲蹄婆，黃頭阿囡赤雙腳……五虎雄蹲海子東，朝暾出海射鯨紅。去年郎泛琉球去，望斷門前舶趁風。」在福州和琉球之間開船的人，很多是疍民，福州人稱為曲蹄，讀成 kule。我認為這不是源自漢語曲蹄 kiok-dei，而是源自仡佬。

葡萄牙最早到明朝的使者皮列士在《東方志》說琉球人被稱為 Gores，有人誤以為高麗人，謝必震指出這是源自福州話的疍民 kole，因為最早在福建和琉球之間的航行者主要是疍民。我認為此說正確，但是高麗和 kole 其實也是同源字。

高麗 kolei 的族名很可能也是源自河谷，接近北方民族語言的河、湖。蒙古語的河是 gol，卡爾梅克語是 hol，湖的楚瓦什語是 külĕ，Dolgan 語是 küöl，哈薩克語、柯爾克孜語、維吾爾語、土庫曼語、Karachay-Balkar 語是 köl。分子人類學檢測出蒙古人的 Y 染色體主要是 C 型，來自雲南，現在西南還有很多 C 型族群。突厥人和印歐人的 Y 染色體主要是 R 型，源自 P 型，現在 P 型分布在黑龍江河口和菲律賓、印度尼西亞，說明印歐人的祖先來自亞洲東南沿海。所以河 gol 是一個古老的世界同源字，因為印歐人、突厥人的祖先西遷經過缺少河流的戈壁，所以突厥語轉變為湖。

好太王碑說高句麗祖先鄒牟的母親是河伯女郎，得到河神幫助，這就證明了我的看法，高句麗源自河、湖。

佬佬族中的多羅支系即古籍的土獠，對應白佬佬，分子人類學測出其 Y 染色體有接近一半是 O2，這是南亞語系族群和苗瑤族群的成分，南亞語系族群有布朗族，芒洪布朗語的江是 kolo，孟語是 krəg，德昂語是 klong，讀音都很接近，正是佬佬。

我認為疍民主導了早期東海交通，《日本書紀》卷十說應神天皇：「三十七年，春二月戊午朔，遣阿知使主、都加使主於吳，令求縫工女，爰阿知使主等渡高麗國，欲達於吳，則至高麗，更不知道路。乞知道者於高麗，高麗王乃副久禮波、久禮志二人為導者，由是得通吳。吳王於是與工女兄媛、弟媛、吳織、穴織四婦女。」令人奇怪的是，吳的讀音是 kule，顯然不是源自漢語上古音的吳 nga。久禮波、久禮志的姓氏久禮，也讀 kule，這兩個人顯然是在高麗的吳人。我認為，kule 就是疍民，所以最早到高麗、日本的吳人其實是吳越海島的疍民，不是真正的漢人。

第二節　烏武、烏滸、具區源自佤族

佬佬族中的 a-ɣu 人即烏武獠、烏滸人，拉基人自稱 a-hu，布央人自稱 pa-ha，讀音都很接近。

一、烏滸分布廣泛

烏滸人的分布廣泛，《新唐書》卷二二二下記載渝州（今重慶）、涪州（今涪陵）的南平獠，也即《太平寰宇記》渝州的獠戶，說明今天重慶南部原來有很多佬佬族，現在綦江還保留了很多相關地名、傳說和遺跡。《新唐書》南平獠的下文說：「又有烏武獠，地多瘴毒，中者不能飲藥，故自鑿齒。」鑿齒是佬佬族的風俗，歷史上稱為打牙佬佬，今貴州惠水縣北部、廣西天峨縣西南都有打牙村。因為烏武獠在南平獠南方的貴州，所以說地有瘴毒。

秦漢六朝在今廣西陽朔還有烏滸人，《郡國志》云：「陽朔縣有夷人，名烏滸，在深山洞內，能織文布，以射翠取羽，割蚌取珠為業。」〔註4〕

廣西的東南部，橫州寧浦縣（今橫縣）風俗：「三梁故縣，烏滸所巢。」

〔註4〕〔宋〕樂史撰、王文楚點校：《太平寰宇記》卷一百六十二桂州陽朔縣烏滸條引，第 3104 頁。

禺州廢扶萊縣（今北流東南）：「三梁故縣，烏滸所巢。俗云三梁烏滸，即此地也。毒霧恒昏，上饒瘴氣。」〔註5〕

　　漢代廣西有烏滸人十多萬，設置七個縣，《後漢書·南蠻西南夷列傳》：「其西有啖人國，生首子輒解而食之，謂之宜弟。味旨，則以遺其君，君喜而賞其父。取妻美，則讓其兄。今烏滸人是也……靈帝建寧三年，鬱林太守谷永，以恩信招降烏滸人十餘萬內屬，皆受冠帶，開置七縣。熹平二年冬十二月，日南徼外國重譯貢獻。光和元年，交址、合浦烏滸蠻反叛，招誘九真、日南，合數萬人，攻沒郡縣。四年，刺史朱俊擊破之。」裴淵《廣州記》：「晉興有烏滸人，以鼻飲水，口中進啖如故。」晉興郡在今左右江流域，治晉興縣，在今南寧。《太平寰宇記》卷一六六貴州（今貴港）風俗說烏滸人說烏滸人殺死長子，嫁女之前，去除前面一個牙齒，這和仡佬族風俗相同。

　　拉基人居住在雲南省馬關縣與麻栗坡縣，布央人居住在雲南省富寧縣、廣南縣與廣西那坡縣。在今廣西那坡的布央人自稱為 ia-rong，也即夜郎，古代的夜郎人是仡央語支民族，古代仡央語支分布地從貴州延伸到廣西最西部。所以鬱林郡的烏滸人很可能是在今廣西的西部，現在退縮到了廣西最西部的那坡縣，但是古代範圍很大。谷永在烏滸人之地新設的七縣，東漢未記，很可能又廢棄了，這也說明烏滸人居住在鬱林郡的邊緣之地。《太平寰宇記》貴州（今貴港）風俗提到烏滸，其下的鬱林縣又說到東漢谷永招降烏滸人之事，使人會誤以為烏滸人僅在廣西貴港，但是漢代的鬱林郡地域很大，所以漢代鬱林郡之事不是僅在宋代的鬱林縣。

　　仡佬族還從廣西南遷到海南島，海南島東方、昌江縣的村人有近 10 萬，現屬漢族，自稱為 moy，意思是海浪，附近的黎族自稱為 moyfu，意思是外來者，他們很可能是從海路來到海南島的移民後裔。村人的 11 個單倍型，有 4 種與海南島黎族支加茂人相連，6 種與仡佬族相連，1 種與仡佬族共享，村人有的還自稱仡隆，所以他們應該是仡央語支早期南遷的一支，原來很可能居住在華南沿海，這也證明仡央族群原來是從嶺南北遷。〔註6〕

〔註5〕〔宋〕樂史撰、王文楚點校：《太平寰宇記》卷一百六十七容州廢扶萊縣，第3194 頁。
〔註6〕徐傑舜、李輝：《嶺南民族源流史》，第 236～238 頁。

群體	O	O1	O1a2	O2a
青仡佬	13.33	60.00		16.67
紅仡佬	22.58	22.58		16.13
白仡佬	35.71	14.29		42.86
村	9.68	38.71		38.71
羿	23.08			15.38
拉基	16.67	6.67		10.00
普標	32.00	4.00		60.00
木佬	13.33	3.33	3.33	63.33
布央	9.38	3.13		71.88
夜郎				62.50

湖南的西部到貴州的東部也有烏滸人，《太平寰宇記》卷一二二沅州引南朝盛弘之《荊州記》：「舞陽有詹辰、新豐二縣，烏滸萬餘家，噉蛇鼠之肉，能鼻飲。」舞陽指今舞陽河下游，流經貴州和湖南。宋代朱輔《溪蠻叢笑》：「犵狫飲不以口，而以鼻，名曰鼻飲。」陸游《老學庵筆記》卷四講到在今湘西的辰州、沅州、靖州的犵獠，木佬人居住在舞陽河上游，古代舞陽河下游的烏滸人就是木佬人。那時湘西的苗族還未大舉西遷，所以木佬人的分布範圍很廣。

烏滸人也居住在廣西的南部，《太平寰宇記》《南州異物志》曰：「交、廣之界，民曰烏滸，東界在廣州之南、交州之北。」裴淵《廣州記》曰：「晉興有烏滸人，以鼻飲水，口中進啖如故。」[註7] 晉興郡在今左右江流域，治晉興縣，在今南寧市。烏滸人在今廣西的西南部，上文論證烏滸人就是句町人，也即隨蜀人南遷越南的皋通一族。因為烏滸人原來分布在廣西的西南部，範圍很大，所以很容易南遷到越南，或許在很早時期就已經分布到了越南境內。

梧州原有仡佬，《太平寰宇記》卷一六四梧州戎城縣：「隋開皇十一年屯軍於縣南歌羅洞，改為戎城縣。」歌羅即仡佬。

木佬人自稱 qa-yo 接近 a-yu 和 gau，太湖的古名具區上古音的 ka-qu，讀音接近，《逸周書・王會》記載四方民族，排在歐人（甌人）、於越、姑妹之下的是且甌，且甌是具甌的訛誤，附錄的《伊尹四方令》的越漚是甌越。

　　浙江東南部原來是東甌人居住地,《山海經·海內南經》:「海內東南陬以西者。甌居海中。閩在海中,其西北有山。一曰閩中山,在海中。」因為古代中原到南方的陸路艱難,海路最便利,所以說甌、閩在海中。

　　東甌人吃蟒蛇,《逸周書·王會》記載西周初年四方部族到成周(今洛陽市)來朝貢,東方民族之中有:「東越:海蛤。歐人:蟬蛇。蟬蛇順,食之美。於越:納。姑妹:珍。且甌:文蜃。」蟬蛇即蚺蛇,即蟒蛇,說明東甌人有類似嶺南人的習俗。《淮南子·精神》:「越人得髯蛇,以為上肴,中國得而棄之無用。」髯蛇即蚺蛇,張鷟《朝野僉載》卷一:「泉州有客盧元欽,染大瘋,惟鼻根未倒。屬五月五日,官取蚺蛇膽欲進,或言肉可治瘋,遂取一截蛇肉食之。三五日頓漸可,百日平復。」《太平寰宇記》卷一百七十交州武平縣(在今越南)龍穴山引《交趾記》:「蚺蛇出南方,形長數尺,吞鹿率至角上,伺肉消爛乃嚥。獠人啖之,其膏膽治百病。」

　　廣西還有西甌,《淮南子·人間》說秦始皇南攻百越:「以與越人戰,殺西嘔君譯籲宋。」西嘔即西甌,《史記·南越列傳》:「(趙)佗因此以兵威邊,財物賂遺閩越、西甌、駱役屬焉,東西萬餘里。」說明西甌在南越之西,在今廣西,故名西甌。西甌簡稱為甌,又與駱越合稱為甌駱,不少人誤以為有一個甌駱族。甚至稱為西甌駱,其實這個名字顯然後人誤解產生,史書中根本找不到一個東甌駱。越的支系,無論是于、干、閩、滇、驃、揚,都是一個字,所以甌、駱必然是單獨的民族,不會是原來拼合為甌駱。

　　西甌又寫成西于,《史記》卷二十又記載下酈侯黃同:「以故甌駱左將斬西于王功,侯。」西于王即西甌王,這是正式的王號,說明西甌是正式族名,不是甌駱。而所謂甌駱左將,泛指南越西部的異族。《史記·南越列傳》太史公曰:「甌、駱相攻,南越動搖。」說明黃同應是駱人,他殺西甌王可能正是甌、駱相攻。《史記·南越列傳》說:「桂林監居翁,諭甌、駱屬漢,皆得為侯。」黃同很可能就是唐代人所說的西原州黃洞蠻,在今靖西縣東南。揚雄《方言》卷一提到西甌、毒屋、黃石野,黃石野很可能就是黃洞,讀音接近。

　　語言學家指出甌字源自越語的人,仡央語支木佬語為 o,黎語支是 aau,〔註8〕我以為此說合理,而且仡央語支特別關鍵。

　　浙江金華古稱姑蔑,《國語·越語上》:「句踐之地,南至於句無,北至於

〔註8〕 李錦芳:《侗臺語言與文化》,第 40 頁。

御兒，東至於鄞，西至於姑蔑。」《墨子·節葬下》：「越東有輆沐之國，其長子生，則解而食之，謂之宜弟。」輆沐 khǝ-mok 和姑蔑 ka-myat 是同源字，殺長子風俗和《後漢書》記載的烏滸相同。《逸周書·王會》附錄的《伊尹四方獻令》：「正南：甌、鄧、桂國、損子。」損子即殺死首子的民族。宋代江浙、福建等地還有殺嬰習俗，〔註9〕這是越俗遺存。

東甌、勾吳源自仡央族群，吳國都城姑蘇在平地，但是在此之前的都城在今蘇州西部的木瀆山丘之中。〔註10〕更早的城池還有江蘇丹陽的葛城、無錫惠山的闔閭城，吳人原來很可能是從安徽南部與江蘇西南部的山地東遷。

蔣廷瑜指出，從東漢到北宋時代的冷水沖型銅鼓，從雲南的東南部擴展到廣西的中西部及越南，在藤縣、平南、桂平發現最多，廣西的北部和貴州省未發現，四川的南部又發現，很可能是獠人的銅鼓。〔註11〕我認為這三個地域正是烏滸的分布地，上文已經列舉烏滸人分布地有南寧、貴港、賀州及廣西的西北部，烏滸人正是從雲南的東南部開始擴張。冷水沖型銅鼓在貴州發展為遵義型、麻江型銅鼓，證明其對貴州仍有很大影響。廣西的東南部的靈山型銅鼓、北流型銅鼓也在漢代到唐代，冷水沖型銅鼓未能擴展為廣西的東南部，因為廣西的東南部是俚人分布地，第七章第二節引用唐代《邕州圖經》和宋代《嶺外代答》，證明俚、獠是不同族群。現在有人誤以為靈山型、北流型銅鼓是烏滸人的銅鼓，我認為不能成立，這是源自誤考烏滸人的地域。

二、烏滸有強弓毒箭

烏滸人有強弓毒箭，《南州異物志》曰：「交、廣之界，民曰烏滸，東界在廣州之南、交州之北。恒出道間，伺候二州行旅，有單回輩者，輒出擊之，利得人食之，不貪其財貨也。地有棘竹，厚十餘寸，破以作弓，長四尺餘，名狐弩。削竹為矢，以銅為鏃，長八寸，以射急疾，不凡用也。地有毒藥，以傅矢金，入則撻皮，視未見瘡，顧盼之間，肌肉便皆壞爛，須臾而死。尋問此藥，云取蟲諸有毒螫者，合著管中曝之，既爛，因取其汁，日煎之。如射肉，在其內則裂，外則不復裂也。烏滸人便以肉為殽俎，又取其髑髏，破

〔註9〕 程民生：《宋代地域文化》，河南大學出版社，1997 年，第 27 頁。

〔註10〕 徐良高、張照根、唐錦瓊、孫明利、付仲楊、宋江寧：《江蘇蘇州市木瀆春秋城址》，《考古》2011 年第 7 期。

〔註11〕 蔣廷瑜、彭書琳：《試論僚人銅鼓》，《僚學研究》第二輯，中國廣播影視出版社，2017 年，第 69～75 頁。

之以飲酒也。其伺候行人小有失輩，出射之，若人無救者，便止以火燔燎食之。若人有伴相救，不容得食，力不能盡相擔去者，便斷取手足以去。尤以人手足掌跖為珍異，以飴長老。出得人歸家，合聚鄰里，懸死人中當，四面向坐，擊銅鼓歌舞飲酒，稍就割食之。春月方田，尤好出索人，貪得之，以祭田神也。」《異物志》曰：烏滸，取翠羽、採珠為產。又能織班布，可以為帷幔。族類同姓，有為人所殺，則居處伺殺主，不問是與非，遇人便殺，以為肉食也。〔註12〕烏滸人有很大的竹弓，箭頭有毒藥，射人必死，而且很喜歡在路邊射人來吃，用骷髏飲酒。或用活人祭祀田神。

烏滸之弓即烏號之弓，《史記・封禪書》：

> 黃帝採首山銅，鑄鼎於荊山下。鼎既成，有龍垂鬍顏，下迎黃帝。黃帝上騎，群臣後宮從上者七十餘人，龍乃上去。餘小臣不得上，乃悉持龍珦，龍珦拔，墮，墮黃帝之弓。百姓仰望黃帝既上天，乃抱其弓與鬍顏號，故後世因名其處曰鼎湖，其弓曰烏號。

黃帝的烏號之弓是一個晚出的說法，是把南方的事物附會到黃帝的身上。《史記・蘇秦列傳》韓國有：「溪子、少府、時力、距來者，皆射六百步之外。」《淮南子・俶真》：「烏號之弓，溪子之弩，不能弦而射。」高誘注：「烏號，柘桑也。溪子為弩所出國名也。或曰溪，蠻夷也，以柘桑為弩，因曰溪子之弩。」《南州異物志》記載烏滸人用強弓毒箭，溪人也有上好弓箭，南征交趾的皋通也有強弓毒箭，皋通就是句町，在今雲南的廣南，現在就是布央人居地。

古代賀州：「俚人削筋竹為箭，以葉羽之，名曰圭黎。」又有：「巢竹，地土有巢竹叢生，如大戟，堅中，俚人以為矛。簩竹，有毒，人以為弧，刺虎，中之則死。」六朝《荊州記》說賀州：「皋亭屯有青石，方三丈許。石上有磨刀斧跡，春夏明淨有新磨處，秋冬漸生苔穢，傳云是雷公磨霹靂。」〔註13〕皋亭與皋通、句町讀音很近，此處也有毒箭，或許證明賀州是烏滸人的原居地。

靠近賀州的道州有江華縣，江華 gang-hua 應該是來自九嶷 giu-ngai，讀音接近，也即勾吳。吳國是南亞語系族群，所以蘇州虎丘傳說是源自吳王化為白虎，這是巴人和苗族的白虎崇拜。

〔註12〕〔宋〕李昉等：《太平御覽》卷七百八十六引。

〔註13〕〔宋〕樂史撰、王文楚點校：《太平寰宇記》卷一百六十一賀州，第3084頁。

　　仡央族群原來就居住在百越人群的最北部山地，更能適應較冷的氣候與高地生活，所以在冰期結束後的變暖期，全面北擴。向東北的一支，形成江西的溪人、江蘇的吳人、浙江的甌人。

　　仡央族群向正北擴張，到達長江中游，句亶就是句町，已在漢水流域。句町人最為英勇，所以分布在最北，曾經是擴張的先鋒。仡佬族是最早北征的越人，所以漢族記為獠，源自仡佬族的獠、僚、僚在漢語中引申出很多含義。獠表示兇猛，僚表示下屬，僚表示小屋，正是因為仡佬族很早接觸到華夏。

　　向西北的一支，形成湘西的烏滸、貴州的仡佬、木佬、羿人。又征服不少異族，形成布央、拉基、普標等人群，所以這些人群的 Y 染色體主要是 O2a，但是說的是仡央語，說明這些族群是被仡佬族征服的族群。烏滸人還西遷到廣西的南部，即漢代鬱林郡南部的烏滸。

三、烏滸源自外喻、猰貐

　　烏滸源自雲南的南亞語系族群佤族，樊綽《蠻書》卷四：

> 望蠻外喻部落，在永昌西北。其人長排持稍，前往無敵，又能用木弓短箭，箭鏃傅毒藥，所中人立斃。婦人亦跣足，以青布為衫裳，聯貫珂貝、巴齒、真珠，斜絡其身數十道。有夫者豎分兩髻，無夫者頂為一髻。其地宜沙牛，亦大於諸處，牛角長四尺已來。婦人惟嗜乳酪，肥白，俗好遨遊。

　　望蠻即南亞語系民族茫蠻，現在西盟、孟連縣的佤族被漢族稱為大卡瓦、生卡、野卡，自稱ʔa vɣʔ，[註14] 讀音接近外喻，今天吳語、客家話的外讀 nga，所以外喻部落是佤族。佤族的自稱外喻，顯然就是烏滸 a-ha，也即今天融入仡佬族的 a-ɣu 支系的由來，后羿 ko-jia 的讀音接近。

　　外喻這個名字，應該源自猰貐，今天的讀音是 ya-yu，窫窳龍首、蛇神，顯然是水神，《山海經·海內南經》：「窫窳龍首，居弱水中，在狌狌知人名之西，其狀如貙，龍首，食人。」《海內西經》：「開明東有巫彭、巫抵、巫陽、巫履、巫凡、巫相，夾窫窳之屍，皆操不死之藥以距之。窫窳者，蛇身人面，貳負臣所殺也。」開明獸在崑崙山之東，《北山經》首篇的少咸山：「有獸焉，

〔註14〕顏其香、周植志：《中國孟高棉語族語言與南亞語系》，社會科學文獻出版社，2012 年，第 166 頁。

其狀如牛，而赤身、人面、馬足，名曰窫窳，其音如嬰兒，是食人。敦水出
焉，東流注於雁門之水。」郭璞注：「軋愈二音。」《淮南子・本經》作猰貐，
上古音的軋是影母月部，愈是以母侯部，軋愈 iat-jio 讀音可對應印歐人的水神
aruna，突厥語的龍 ulu、蒙古語的龍 luu、漢語的龍 long 也是同源字。〔註15〕
窫窳源自鱷魚，上古音的鱷 ngak 接近 aruna，也接近烏滸。

　　鱷魚是越人的重要神靈，壯族傳說創世之初，世界分為三界，鱷魚掌管
水界，有時被譯為龍王、蛟龍。鱷魚驅趕海水，開通河谷。經詩《麼送鬼方》
抄本講述，壯族祖先布洛陀有五兄弟，即雷公、鱷魚、老虎、山鬼、社神。
有的神話提到，布洛陀戰勝雷公、老虎、鱷魚。有的經詩抄本講述，地上十
二部族，有的叫聲像水牛，有的花紋像蜜蜂，有的說話像青蛙，有的叫聲像
羊，有的叫聲像鱷魚，這些應該是不同部落的圖騰。老撾、泰國、越南的侗
臺語系民族也有鱷魚的傳說，認為鱷魚會變成人和女子結合，銅鼓等器物上
有鱷魚花紋，〔註16〕本書在第三章第一節提到廣西恭城縣出土的銅尊上有鱷
魚花紋。

　　漢代在今大理設葉榆縣，縣城臨洱海，很可能源自猰貐。奉節縣瞿塘峽
的長江之中，有灩澦堆，《太平寰宇記》卷一四八夔州奉節縣：「灩澦堆，周
迴二十丈，在州西南二百步，蜀江中心，瞿塘峽口。冬水淺，屹然露百餘尺。
夏水漲，沒數十丈，其狀如馬，舟人不敢進。又曰猶與，言舟子取途，不決
水脈，故曰猶與。諺曰：灩澦大如樸，瞿塘不可觸。灩澦大如馬，瞿塘不可
下。灩澦大如鱉，瞿塘行舟絕。灩澦大如龜，瞿塘不可窺。」灩澦堆有時露
出水面，所以比作龜鱉。江水迅疾，不容舟人猶豫，所以我認為猶與的本源
不是舟人猶豫，而是猰貐，也即鱷魚，因為有時浮出水面，形似鱷魚。反而
是猶豫可能來自猰貐（鱷魚），因為鱷魚行動遲緩，很久不動，類似猶豫。

　　山西也有同源地名，《北齊書》卷十七《斛律金傳》：「（武定）四年，詔
金率眾從烏蘇道會高祖於晉州。」《周書》卷十九《達奚震傳》：「（建德）五
年，又從東伐，率步騎一萬守統軍川，攻克義寧、烏蘇二鎮，破并州。」烏
蘇城在今沁縣西南冊村鎮的闞輿城，我認為闞輿就是窫窳，現在蒙古語的水
是烏蘇，也是烏孫的語源。緊鄰闞輿城的有柳泉溝、後泉村、漫水村、泉則

〔註15〕周運中：《九州考源》，第 203～209 頁。
〔註16〕李斯穎：《從口頭傳統看侗臺語族的鱷魚崇拜及其遺存》，《百越研究》第四輯，
　　　　第 158～167 頁。

溝等村，證明確實是水泉密集之地。

貴州省安順、鎮寧、紫雲交界處，有一支苗族三萬多人，自稱蒙正，他們的風俗和遷徙的苗族不同，信仰也不同。信奉竹王，出殯不撒買路錢，這兩點和仡佬族一樣，被認為夜郎人的子孫。〔註17〕我認為蒙正和雲南的蒙自是同源字，滇東南歷史上有很多Y染色體O2的族群，現在很多被融入壯族、彝族等族。蒙正苗確實來自仡佬族，但是他們是融入仡佬族的南亞語系族群。蒙自、蒙正可能都是源自南亞語系族群原來的總稱望苴，我在緒論已經指出望苴和印度的南亞語系族群門達Munda是同源字。

雲南和越南的普標人，自稱qa biu或qa biau，我認為biu、biau的讀音接近驃，緬甸的驃越可能是同源民族，在今緬甸北部，樊綽《蠻書》卷十：「驃國，在蠻永昌城南七十五日程……男子多衣白氈，婦人當頂為高髻……今子孫亦食魚蟲之類，是其種末也。」白居易《驃國樂》詩云：「玉螺一吹椎髻聳，銅鼓一擊文身踊。珠纓炫轉星宿搖，花鬘斗藪龍蛇動。」驃越人椎髻紋身，敲擊銅鼓，是典型的越人習俗。

烏滸融入仡佬的歷史，《山海經》竟然有明確記載，《海外南經》：

> 羿與鑿齒戰於壽華之野，羿射殺之。在崑崙虛東。羿持弓矢，鑿齒持盾。一曰戈。

后羿殺鑿齒，鑿齒就是仡佬族，清代還被稱為打牙仡佬。壽通禱，即桃花人、棠魔蠻，在今滇東南。〔註18〕此條之下第三條是長臂國，在海中捕魚，在今越南北部沿海，可作印證。現在四川敘永、古藺、貴州畢節還有羿人，自稱為gau，歸入仡佬族。

仡央族群原來用強弓毒箭，英勇善戰，他們敢於爬上高山，出征嶺外，四處征伐。百越人群中，數仡央族群擴張的地域最大，江蘇、浙江、江西、湖南、貴州、雲南、四川、陝西、湖北都有他們的地盤，還曾經建立強盛的夜郎、句町等國。但是現在的仡央族群中，分布雖廣，人口最少，正是因為他們曾經分布在最北側，所以首先受到北方移民的融合大潮。

〔註17〕申翔：《論夜郎遺族的消失與演變——兼談貴州未識別民族的族群屬性》，《僚學研究》第三輯（《藏天下》增刊），2019年。

〔註18〕樊綽《蠻書》卷四：「棠魔蠻，去安南管內林西原十二日程。溪洞而居，俗養牛馬。比年與漢博易，自大中八年經略使苛暴，令人將鹽往林西原博牛馬，每一頭匹只許鹽一斗，因此隔絕，不將牛馬來。桃花人，本屬安南林西原七綰洞主大首領李由獨管轄，亦為境上戍卒。」林西原在今越南的西北部，棠魔即宋代賣馬的特磨道，在今滇東南。

西漢揚州《方言》卷四：「江湘之間，或謂之無賴，或謂之獠。」湖南人稱無賴為獠，獠顯然就是獠，源自對獠人的蔑視。

湖南的哥老會是清代的重要會社，哥老會對同盟會、辛亥革命起了重要作用。哥老會的名字也是源自仡佬族，湖南的西部原來就有仡佬族，緊鄰湖南的重慶、貴州仡佬族更多。因為湖南人稱無賴流氓為獠（獠）也即犵狫，所以會黨被稱為哥老會。

第三節　溪人是仡央族群

北魏史書《魏書》卷九六《晉司馬睿傳》：「中原冠帶呼江東之人，皆為貉子，若狐貉類云。巴、蜀、蠻、獠、溪、俚、楚、越，鳥聲禽呼，言語不同，猴蛇魚鱉，嗜欲皆異。江山遼闊，將數千里，敘羈縻而已，未能制服其民。」巴、蜀、蠻、獠、楚、越為世人熟知，只有溪族史料不多，陳寅恪的《魏書司馬睿傳江東民族條釋及推論》亮點在溪族，但有不少問題，很多結論是推測，未必成立。但是陳文影響很大，很多學者採用陳文之說。〔註 19〕還有學者認為溪族是一個以江西為主要分布區的獨立民族，其實也有問題。本文再考溪族，利用了陳文沒有用到的三條新史料，得出不同的結論。

一、前人對溪族的解讀

關於溪族，陳文列舉了三條直接相關的史料：

第一條是《世說新語》卷下《容止》石頭事故朝廷傾覆條，庾亮畏見陶侃，溫嶠勸亮說：「溪狗我所悉，卿但見之，必無憂也。」〔註 20〕溫嶠稱陶侃為溪狗，《晉書》卷六六《陶侃傳》：「陶侃，字士行，本鄱陽人也。吳平，徙家廬江之尋陽。父丹，吳揚武將軍。侃早孤貧，為縣吏。」〔註 21〕陶侃是鄱陽人，所以被稱為溪狗。

第二條是《南史》卷四七《胡諧之傳》：「胡諧之，豫章南昌人也。祖廉之，書侍御史。父翼之，州辟不就。諧之仕宋為邵陵王左軍諮議。齊武帝為

〔註 19〕陳寅恪：《魏書司馬睿傳江東民族條釋及推論》，《金明館叢稿初編》，北京：三聯書店，2011 年，祝注先：《陶淵明溪族論說》，《中南民族學院學報（哲學社會科學版）》1996 年第 2 期。

〔註 20〕〔劉宋〕劉義慶撰、楊勇校箋：《世說新語校箋》，北京：中華書局，2006 年，第 560 頁。

〔註 21〕〔唐〕房玄齡等：《晉書》，北京：中華書局，1974 年，第 1768 頁。

江州，以諧之為別駕，委以事任。建元二年，為給事中、驍騎將軍。上方欲獎以貴族盛姻，以諧之家人語傖音不正，乃遣宮內四五人往諧之家，教子女語。二年後，帝問曰：卿家人語音已正未？諧之答曰：宮人少，臣家人多，非唯不能得正音，遂使宮人頓成傖語。帝大笑，遍向朝臣說之……就梁州刺史范柏年求佳馬，柏年患之，謂使曰：馬非狗子，那可得為應無極之求。接使人薄，使人致恨歸，謂諧之曰：柏年云，胡諧是何傖狗，無厭之求。諧之切齒致忿。」〔註22〕胡諧之被貶稱為溪狗，溪人有溪語，南昌人也被中原人看成是溪狗。

第三條是《通鑑》卷一一五義熙六年（410年）殷闡說何無忌：「（盧）循所將之眾，皆三吳舊賊，始興溪子，拳捷善鬥，未易輕也。」〔註23〕始興郡在今廣東省北部，也有善戰的溪人，不難推測贛南也有溪族。

陳文對上述三條史料的解讀多有不確之處，盧循本是孫恩餘部，率領吳越與江淮之眾，從海路南遷廣州，所以他的部隊裏有三吳舊賊，但是他在廣州又招募了很多新兵，即始興溪子，陳寅恪混淆二者，又說溪族是天師道信徒，更不能成立。他的證據是陶淵明《桃花源記》的類似故事見於《續搜神記》，疑是《桃花源記》的稿本，但是這則故事說到捕魚人的名字是黃道真，從名字來看似乎是個天師道信徒。我認為陳寅恪的論證貫穿了三個假設，第一個假設是《續搜神記》的類似故事就是《桃花源記》的稿本，第二個假設是黃道真是道教徒，第三個假設是武陵郡的五溪蠻是溪族。這三重假設都來自陳寅恪的猜想，我認為這三個假設都不能成立，《續搜神記》的類似故事不一定是《桃花源記》的稿本，學界多以為《續搜神記》託名陶潛。《四庫全書總目提要》引明代人沈士龍說：「其為偽託，固不待辨。」〔註24〕我認為《續搜神記》卷三《蜜蜂螫賊》條說到元嘉元年（424年），卷六《盛道兒》條說到宋元嘉十四年，卷七《山獟》說到宋元嘉初，卷十《蛟庇舍》條說到元嘉二十三年，《蛇銜卵》條說到元嘉中，〔註25〕則此書已在元嘉二十三年之後，而學界一致認為陶淵明卒於元嘉四年，〔註26〕此是第一破綻。《續搜

〔註22〕〔唐〕李延壽：《南史》，北京：中華書局，1975年，第1176～1177頁。

〔註23〕〔宋〕司馬光：《資治通鑑》，北京：中華書局，1956年，第3629頁。

〔註24〕〔清〕永瑢等：《四庫全書總目提要》，北京：中華書局，1965年，第1208頁。

〔註25〕王根林校點：《搜神後記》，《漢魏六朝筆記小說大觀》，上海古籍出版社，1999年，第452、468、471、486、484頁。

〔註26〕杜景華：《陶淵明傳》，百花洲文藝出版社，2005年，第294～300頁。

神記》故事的黃道真之名並非原文，而是小字夾註，或許是後人偽添，這是第二破綻。陳寅恪的《天師道與濱海地域之關係》主張天師道在沿海傳播，〔註27〕不太可能深入到湘西，不能都說五溪蠻和溪人是一族。學界一般認為五溪蠻是現在苗族的祖先，〔註28〕所以五溪蠻和東南的溪人無關。

有學者引《廣東通志》卷十九《流寓》徐廣條說：「梁大同中，（徐度）從始興內史蕭介赴郡，時諸峒瑤獠屢出剽掠，境內大擾。」進而提出始興的諸峒瑤獠是否就是始興溪子，〔註29〕我認為這個問題不存在，因為《廣東通志》時間太晚，此條史料是後人改編，此條史料的源頭是《陳書》卷十二《徐度傳》說：「梁始興內史蕭介之郡，度從之，將領士卒，征諸山洞。」〔註30〕《陳書》說的僅是山洞，沒提族名，《廣東通志》的瑤獠是編者根據明清時期的族名偽添。還有學者把溪族和蠻族、獠族並列，認為溪族是一個獨立民族，分布在江西和廣東韶關一帶。〔註31〕其實獠族、溪人都是越人，蠻族是苗瑤民族。有學者既認為溪族是山越的一支，又認為溪族的後代是瑤族，〔註32〕混淆了侗臺語系和苗瑤語族民族。

二、溪人是越人

我又找到三則有關溪人的材料：

第一是東晉干寶《搜神記》卷十二《傒囊》：「吳諸葛恪為丹陽太守，嘗出獵兩山之間，有物如小兒，伸手欲引人。恪令伸之，乃引去故地。去故地，即死。既而參佐問其故，以為神明。恪曰：此事在《白澤圖》內，曰：兩山之間，其精如小兒，見人，則伸手欲引人，名曰傒囊，引去故地，則死。無謂神明而異之，諸君偶未見耳。」〔註33〕

諸葛恪在丹陽郡山間打獵，看到一種小人，稱為傒囊。如果帶到別的地

〔註27〕陳寅恪：《天師道與濱海地域之關係》，《金明館叢稿初編》，第1～46頁。

〔註28〕游俊、李漢林：《湖南少數民族史》，民族出版社，2001年，第42頁。胡紹華：《中國南方民族發展史》，民族出版社，2004年，第356頁。

〔註29〕王鍾翰主編：《中國民族史概要》，山西教育出版社，2004年，第511頁。

〔註30〕〔唐〕姚思廉：《陳書》，北京：中華書局，1972年，第189頁。

〔註31〕周兆望：《江西通史‧魏晉南北朝卷》，江西人民出版社，2008年，第148頁。

〔註32〕農學冠：《陶淵明溪族源流考》，《廣西民族學院學報（哲學社會科學版）》1998年第4期。

〔註33〕〔晉〕干寶撰、曹光甫校點：《搜神記》，《漢魏六朝筆記小說大觀》，1999年，第371頁。

方，就會死去。我認為傒囊就是溪人，囊是越語的人，馬來語的人是 orang，現在南部吳語和閩語的人還讀 lang，吳語原來也是如此，現代吳語的儂就是源自 lang，萬曆《常熟縣私志》卷三《方言》有誰儂，我儂，你儂，〔註34〕元代高德基的《平江記事》說：「嘉定州去平江一百六十里，鄉音與吳城尤異。其並海去處，號三儂之地。蓋以鄉人自稱曰吾儂，我儂，稱他人曰渠儂，你儂，問人曰誰⋯⋯好事者遂名其處為三儂之地。」〔註35〕

丹陽郡在今江蘇西南部與皖南、浙江西北部，原來也是越地，《後漢書》卷二一《李忠傳》說：「遷丹陽太守。是時海內新定，南方海濱江淮，多擁兵據土。忠到郡，招懷降附，其不服者悉誅之，旬月皆平。忠以丹陽越俗不好學，嫁娶禮儀，衰於中國，乃為起學校，習禮容，春秋鄉飲，選用明經，郡中嚮慕之。墾田增多，三歲間流民占著者五萬餘口。」〔註36〕東漢初的丹陽郡多是越人習俗，李忠大力推廣漢俗。三年之內，來到丹陽郡的移民有五萬多人，促進了丹陽郡的漢化。六朝丹陽郡的山區還有矮小的越人，就是傒囊（溪人）。他們被俘虜到漢地，很多人不屈而死。

第二條是南朝劉宋的劉敬叔《異苑》卷九《孫溪奴》：「元嘉初，上虞孫溪奴多諸幻伎，叛入建安治中。後出民間，破宿瘦闢遙徹腹內而令不痛。治人頭風，流血滂沱，噓之便斷，瘡又即斂。虎傷蛇噬，煩毒隨死，禁護皆差。向空長嘯，則群鵲來萃。夜咒蚊虻，悉皆死倒。至十三年，乃於長山為本主所得，知有禁術，慮必亡叛，的縛枷鎖，極為重複，少日已失所在。」〔註37〕

宋文帝元嘉年間（424～453年），會稽郡上虞縣的孫溪奴有很多法術，逃到建安郡冶縣（今福州），為人治病。元嘉十三年（436年）在東陽郡長山縣（今金華）被原來的主人抓到，又逃脫。溪奴或許類似倭奴、匈奴、胡奴、崑崙奴，是溪族的奴隸。他的法術也是溪人的法術，他的家鄉在今浙江中部山區，一直是越人之地。

第三條是唐代王昌齡的《出郴山口至疊石灣野人室中寄張十一》：「野人善竹器，童子能溪謳。」〔註38〕郴州兒童能唱一種叫溪謳的歌，或與溪人有關。

〔註34〕〔明〕姚宗儀：《常熟縣私志》，上海圖書館藏清代抄本。

〔註35〕〔元〕高德基：《平江記事》，陳其弟點校《吳中小志叢刊》，廣陵書社，2004年，第24頁。

〔註36〕〔劉宋〕范曄：《後漢書》，北京：中華書局，1965年，第756頁。

〔註37〕〔劉宋〕劉敬叔撰、黃益元校點：《異苑》，《漢魏六朝筆記小說大觀》，第681～682頁。

〔註38〕〔唐〕王昌齡著、李雲逸注：《王昌齡詩注》，上海古籍出版社，1984年，第30頁。

郴州之南就是賀州，《太平寰宇記》卷一六一賀州桂嶺縣：「歌山，馮乘有老人，少不婚娶，善於謳歌，聞者流涕，及病將死，鄰人送到此，老人歌以送之，餘聲滿谷，數日不絕。」〔註39〕此條出自盛弘之《荊州記》，《北堂書鈔》卷一百五十八穴引此條說：「臨賀馮乘縣有歌父山，傳云，有老人不娶室，而善歌，聞者莫不灑泣。年八十餘，而聲愈妙，及病將困，命鄉里六七人與上山穴中。鄰人辭歸，老人歌而送之，聲振林木，響遏行雲，餘音傳林，數日不絕。」〔註40〕馮乘縣在今江華縣西南。

總結以上諸條，溪人的分布北到丹陽郡，東到會稽郡，中間包括江西，南到始興郡，西南到郴州，都是越人分布地。

陶侃之所以做官，因為他母親賣假髮買酒，《晉書‧陶侃傳》：「鄱陽孝廉范逵嘗過侃，時倉卒無以待賓，其母乃截髮得雙髲，以易酒肴，樂飲極歡，雖僕從亦過所望。及逵去，侃追送百餘里。逵曰：卿欲仕郡乎？侃曰：欲之，困於無津耳。逵過廬江太守張夔，稱美之。夔召為督郵，領樅陽令。有能名，遷主簿。」〔註41〕髲是假髮，因為越人長髮秀美，所以漢代官員在海南島強行截取越人頭髮，引發越人反抗，最終導致珠崖郡廢棄，《三國志》卷五三《薛綜傳》說：「珠崖之廢，起於長吏睹其好髮，髡取為髲。」〔註42〕唐代廣東的越人也有此俗，《太平御覽》卷二二《時序部七》引《南荒錄》：「新州男子婦人，皆縝髮如雲，每沐，以灰投水中，遂就水而沐之，以蚖膏塗其髮。五六月秔秫未獲時，民饑，盡髡，取髮鬻於市。既髡，即復以蚖膏塗之，至來年五六月，又可矣。」〔註43〕新州即今新興縣。

溪人在六朝史書才出現，因為孫吳缺乏人口，為了對抗北方，強迫越人來到平地漢化，大設郡縣。東漢末年，大批北方人來到南方，東漢不少官員在南方推進漢化，〔註44〕所以此時的越人漢化速度已經加快。溪人或許是住在山溪的越人，是半漢化的越人，會說漢語。隋唐時期，溪族已與漢族融為一體，基本看不到溪人的記載。

〔註39〕〔宋〕樂史撰、王文楚點校：《太平寰宇記》，第 3086 頁。
〔註40〕〔唐〕虞世南：《北堂書鈔》，《續修四庫全書》編委會：《續修四庫全書》第 1212 冊，上海古籍出版社，2002 年，第 131 頁。
〔註41〕〔唐〕房玄齡等：《晉書》，第 1768 頁。
〔註42〕〔晉〕陳壽：《三國志》，北京：中華書局，1982 年，第 1252 頁。
〔註43〕〔宋〕李昉等：《太平御覽》，北京：中華書局，1960 年，第 106 頁。
〔註44〕周振鶴：《從「九州島島異俗」到「六合同風」——兩漢風俗區域的變遷》，《周振鶴自選集》，廣西師範大學出版社，1999 年。

三、孫吳時期的江西土豪與新縣

溪人分布區的中心是今江西省，江西是孫吳越人漢化的中心地區，過去我們過分關注孫吳時期強征皖南山越，忽視了江西的越人漢化。有學者認為漢代的江西境內已是漢族為多，我認為此說不確。六朝的江西境內才以漢族為主，隋唐才逐漸完成漢化。江西地處東南的中心位置，孫吳在江西新設政區最密。據《宋書·州郡志二》江州，從東漢末年到西晉初年的江西境內新設政區如下：

1. 豫章郡新設永修（在今永修縣）、西安（治今武寧縣）、吳平（治今新餘市東北）、新吳（治今奉新縣西）、富城（治今豐城市南）、上蔡（治今上高縣）、陽樂（治今萬載縣東）七縣。

2. 建安十五年（210年），分豫章郡立鄱陽郡，鄱陽郡新立廣昌（治今鄱陽縣北）、樂安（治今德興市東北）、上饒（治今上饒市）、葛陽（治今弋陽縣）四縣。《三國志》卷六十《賀齊傳》：「（建安）十年，（賀齊）轉討上饒，分以為建平縣。」〔註45〕建平縣不見於後世史書，或許又廢。

3. 孫亮太平二年（257年），分豫章東部都尉立臨川郡，臨川郡新設西平（治今撫州市南）、新建（治今樂安縣北）、西寧（治今崇仁縣南）、宜黃（治今宜黃縣）、永城（治今黎川縣）、東興（治今黎川縣東北）、南豐（治今廣昌縣）、安浦（治今樂安縣南）、新喻（治今新餘市）、萍鄉（治今萍鄉市）十縣。

4. 東漢建安四年（199年）新設廬陵郡，廬陵郡新設高昌（治今吉安縣）、西昌（治今泰和縣）、東昌（治今吉安縣東）、永新（治今永新縣東）、吉陽（治今永豐縣南）、興平（治今永豐縣東北）、巴丘（治今峽江縣）、陽城（治今吉水縣）、新興（治今遂川縣）、揚都（治今寧都縣南）、揭陽（治今寧都縣東南）、平陽（治今興國縣南）、安南（治今南康市）十三縣。

5. 孫皓寶鼎二年（267年），分豫章、廬陵、長沙三郡立安成郡，劃到豫章郡的宜春、新喻、萍鄉三縣與廬陵郡的平都、安復、永新三縣。

6. 西晉太康三年（282年），即滅吳之後的第三年，改廬陵南部都尉為南康郡，江西從一郡變成六郡。

通過《中國歷史地圖集》可以看出，東漢末年及孫吳新設政區最密之處不在三吳，也不在靠近三吳的鄱陽郡東北部和豫章郡北部，而在豫章、臨川、

〔註45〕〔晉〕陳壽：《三國志》，第1378頁。

盧陵三郡之間。

盧陵郡設置時間，史書有四種說法：第一說是初平二年（191），《水經注》卷三十九《贛水》說：「漢獻帝初平二年，長沙桓王（孫策）立盧陵郡。」第二說是興平元年（194），《宋書》卷三六《州郡志二》說盧陵郡：「漢獻帝興平元年，孫策分豫章立。」第三說是興平二年（195），《太平寰宇記》卷一百八虔州：「東漢興平二年，分豫章置盧陵郡，而贛縣屬焉。」《江西通史》認為第四說是建安四年（199），《三國志》卷四六《孫破虜討逆傳》：「分豫章為盧陵郡，以賁弟輔為盧陵太守。」《資治通鑑》卷六三說建安四年：「策分豫章為盧陵郡，以孫賁為豫章太守，孫輔為盧陵太守。會僮芝病，輔遂進取盧陵。」《江西通史》又認為酈道元不熟悉南方，所記有誤，應是建安四年立盧陵郡。〔註46〕

我認為盧陵郡設立應在建安四年之前，因為《三國志》卷四九《太史慈傳》說：「後劉繇亡於豫章，士眾萬餘人未有所附，策命慈往撫安焉。」據同卷《劉繇傳》，劉繇到豫章後，攻殺同樣從丹陽逃來的笮融，不久病亡，豫章郡為太守華歆佔據，裴松之注引《江表傳》說太史慈出使豫章回來，對孫策說：「又丹楊僮芝自擅盧陵，詐言被詔書為太守。鄱陽民帥別立宗部，阻兵守界，不受子魚（華歆）所遣長吏，言我以別立郡，須漢遣真太守來，當迎之耳。」〔註47〕說明在孫策進攻之前，盧陵、鄱陽已經自立為郡。因為孫策渡江在興平二年，次年笮融南遷，所以丹陽人僮芝率領南遷部眾自立盧陵郡很可能就在興平二年。所以《水經注》誤為初平二年，《宋書》誤為興平元年。

盧陵、鄱陽是在漢末的戰亂中自立為郡，孫吳不過是因勢利導。這種戰亂時期自立郡縣得到新朝認可的例子還有很多，比如金壇縣在隋末唐初的戰亂中自立為縣，《元和郡縣圖志》卷二五潤州金壇縣：「隋末亂離，鄉人自立為縣。」〔註48〕又如湖北英山縣就是在宋末自立為縣，得到元朝認可。〔註49〕

南朝末年，江西境內的南川土豪崛起，最大的五個土豪是臨川郡人周敷、

〔註46〕周兆望：《江西通史·魏晉南北朝卷》，第 17 頁。

〔註47〕〔晉〕陳壽：《三國志》，第 1190 頁。

〔註48〕〔唐〕李吉甫撰、賀次君點校：《元和郡縣圖志》，北京：中華書局，1983 年，第 593 頁。

〔註49〕周運中：《元末大起義與南宋兩淮民間武裝》，《元史及民族與邊疆研究集刊》第二十輯，上海古籍出版社，2008 年。

南城縣人周迪、巴山郡新建縣人黃法氍、豫章郡南昌縣人熊曇朗、新吳縣人余孝頃，恰好是漢末孫吳時期新縣最密之地。因此我們不難推想，孫吳江西中部的新縣最密，因為土豪們在漢末戰亂中紛紛自立，孫吳接受這一事實，設置新縣。經過東晉南朝，江西中部的地方土豪不僅仍有勢力，還促成了陳朝的建立，影響了全國的政局。

六朝江西土豪及設立的新縣集中在江西中部，因為江西的北部在戰國秦漢已經開發成熟，而江西的南部還是地廣人稀。北部沒有大塊空地，南部開發較難。而中部處於開發前沿地區，既有大塊空地，又有充足勞力，原住民逐漸漢化，最容易形成土豪。

第四節　皋通、句町、仡兜、瓜長

趙佗攻佔交趾之前，蜀王先攻佔雒越之地，《太平寰宇記》卷一百七十交州交趾縣安陽王故城引《南越志》說：「交趾之地，最為膏腴。有君長曰雄王，其佐曰雄侯，其地位雄田。後蜀王子將兵討取之，因為安陽王，治交趾。尉佗興軍攻之，安陽王有神人曰皋通，輔佐之，造弩一張，一放殺越軍萬人，三放殺三萬人。佗知其故，便卻壘息卒，還戍武寧，乃遣其次子始為質，請通好焉。後安陽王遇皋通不厚，皋通去之。安陽王之女曰媚珠，見始風姿閑美，遂私焉。始後誘媚珠求看神弓，請觀其妙，媚珠示之。因毀其機，即馳使報佗。佗興師襲之，軍至，安陽王又如初放弩，弩散，眾皆奔散，遂破之。安陽王御生文犀，入水走，水為之開。」雄是雒之訛，雒即駱。《元和郡縣志》卷三十八交州：「宋平縣，本漢日南郡西卷縣地……安陽王故城，在縣東北三十一里。」蒙文通以為此地在漢代日南郡，則在今越南的中部，因此是安陽王南遷之地。其實這是《元和郡縣志》原文有誤，唐代的交州宋平縣就是在今河內，唐代人誤以為是漢代日南郡地，其實是交趾郡地。

紅河下游的東山文化是越南中部、北部最早的青銅文化盛期到鐵器時代初期文化，距今約 2500～2000 年左右，相當於中國戰國秦漢時期。東山文化既有本地新石器時代文化傳統，又融合了中國南方的百越文化因素。〔註50〕

越南的東山文化與雲南的滇文化都有銅鼓風俗，東山銅鼓與石寨山銅鼓都是黑格爾劃分的 I 型銅鼓，中國學者認為石寨山銅鼓是由楚雄萬家壩銅鼓發

〔註50〕吳春明：《東山文化與「甌駱國」問題》，《從百越土著到南島海洋文化》，第155～169 頁。

展而來，但是有的越南學者認為東山銅鼓最早。中越交界處的越南老街省發現的銅鼓在越南最多，1993 年發現 19 面銅鼓，5 面是石寨山型，2 面是萬家壩型，其餘是東山型。元江流域發現了越南東山文化與雲南滇文化的器物，證明雙方通過元江河谷交流。〔註 51〕所以蜀人南征，反映了雲南的滇文化對越南的影響。

安陽王的下屬皋通，我以為就是句町，讀音很近。蜀人南遷，要經過雲南的東南部，正是句町王之地。《漢書・西南夷列傳》說：

> 孝昭始元元年，益州廉頭、姑繒民反，殺長吏。牂柯、談指、同並等二十四邑，凡三萬餘人皆反。遣水衡都尉發蜀郡、犍為奔命萬餘人擊牂柯，大破之。後三歲，姑繒、葉榆復反，遣水衡都尉呂辟胡將郡兵擊之。辟胡不進，蠻夷遂殺益州太守，乘勝與辟胡戰，士戰及溺死者四千餘人。明年，復遣軍正王平與大鴻臚田廣明等並進，大破益州，斬首捕虜五萬餘級，獲畜產十餘萬。上曰：「鉤町侯亡波率其邑君長人民擊反者，斬首捕虜有功，其立亡波為鉤町王……至城帝河平中，夜郎王興與鉤町王禹、漏臥侯俞更舉兵相攻。牂柯太守請發兵誅興等，議者以為道遠不可擊，乃遣太中大夫蜀郡張匡持節和解。興等不從命，刻木象漢吏，立道旁射之……王莽篡位，改漢制，貶鉤町王以為侯。王邯怨恨，牂柯大尹周欽詐殺邯。邯弟承攻殺欽，州郡擊之，不能服。三邊蠻夷愁擾盡反，復殺益州大尹程隆。莽遣平蠻將軍馮茂發巴、蜀、犍為吏士，賦斂取足於民，以擊益州。出入三年，疾疫死者什七，巴、蜀騷動。莽征茂還，誅之。更遣寧始將軍廉丹與庸部牧史熊大發天水、隴西騎士，廣漢、巴、蜀、犍為吏民十萬人，轉輸者合二十萬人，擊之。始至，頗斬首數千，其後軍糧前後不相及，士卒饑疫，三歲餘死者數萬。

句町與夜郎、漏臥交戰，漏臥即老撾，我已指出《漢武帝別國洞冥記》的婁過是老撾。〔註 52〕西漢末年，句町王因為被王莽貶為侯，起兵叛漢，南方大亂，巴蜀騷動。漢朝調發西北的將士數十萬人，死傷慘重，最終未能征

〔註 51〕盧智基：《從考古看駱越與滇的文化關係》，《百越研究》第二輯，第 133～142 頁。

〔註 52〕周運中：《漢武別國考》，《暨南史學》第 13 輯，2017 年。又見周運中：《道士開闢海上絲綢之路》，第 85 頁。

服。東晉時句町王仍然受封，《華陽國志》卷四《南中志》梁水郡：「句町縣，故句町王國也，其置自濮王，姓毋，漢時受封迄今。」

句町在今雲南省東南角的廣南、富寧，《漢書·地理志》牂牁郡句町縣：「文象水，東至增食入鬱，又有盧唯水、來細水、伐水。」鬱水是今珠江，文象水是今右江，增食縣在今隆安到南寧。文象水，我以為就是今老撾首都萬象的同源詞，萬象在唐代稱為文單，所以文象就是文單、萬象。

句町縣在今廣南縣，其北的阿章寨出土石寨山型銅鼓，西南的沙果村出土萬家壩型銅鼓，其南的貴馬寨出土麻江型銅鼓，三種類型的銅鼓在此交匯，非常罕見。菜園鄉八品大寨東北有小尖山墓群，發現青銅器 100 件。〔註53〕廣南縣在右江、南盤江、紅河三個流域的交界處，位置重要。

其實戰國秦漢之際成書的《管子》早就記載了句町，《小匡》：「南至吳、越、巴、牂牁、瓜長、不庾、雕題、黑齒、荊夷之國，莫違寡人之命。」這一段中，唯有瓜長、不庾難解。原文把瓜長誤為一個字，長的上古音是端母陽部 tiang，所以瓜長 koa-tiang，很接近句町 ko-tyeng、皋通 ko-tong。瓜長既然排在牂牁之後，就是句町。《呂氏春秋·恃君》說：「揚漢之南，百越之際，敝凱諸、夫風、餘靡之地。」上古音的凱諸是 khəi-tjya，接近皋通、句町、瓜長。夫風 pha-bruəm，開頭的夫是侗臺語的人，即漢語的夫，bruəm 音近布朗，即南亞語系民族。餘靡讀作徐靡，徐靡 zia-ma 即 Y 染色體 D 型的 Semang，Semang 在雲南的同源地名最多，證明凱諸在西南。

其實九真的讀音也很接近句町，上古音知端合一，所以真是端母真部 tyen，丁是端母耕部 tyeng，讀音極近。九真之名或許就是源自句町，由此我們又想到靠近紅河上游的滇，可能也是同族。九、句是發語詞，九真即真，也即滇，上古音真、滇同音。

現在越南的主體民族京族是南亞語系民族，不是侗臺語系民族，血緣也有明顯區別，但是在句町國故地的布央人，基因檢測顯示主要父系血緣不是侗臺民族的 O1，而是南亞民族的 O2，所以句町人是混血民族。

〔註53〕雲南省文化廳編著：《中國文物地圖集》云南分冊，圖片第 121 頁，文字第 183、187 頁。

1971 年合浦縣望牛嶺 1 號墓出土漢代九真府銘文陶桶

　　中國每到戰亂時期，就會有很多中原人外遷，帶動周邊文化發展。東山文化產生在春秋戰國時期，此時中原擾攘，楚國也在積極向南擴張，莊蹻入滇，引發百越的南遷浪潮，越南的東山文化可能正是在此背景下產生。所以我們不難推測，最早在中國的廣西與雲南，產生了侗臺民族與南亞民族混血的句町人，或許這種混血的年代非常久遠。春秋戰國時代，蜀人與句町的南遷，這就是安陽王與皋通佔據越南之事。趙佗打敗安陽王時，距離蜀人南遷不過數百年，所以還能知曉這段歷史。

　　句町、皋通是烏滸人，這些風俗與句町人符合，地域也符合。句町人在今雲南省東南角，烏滸人也在鬱林郡周邊，也即交州與廣州交界處。

　　因為皋通即句町，所以句町在漢代兵強馬壯，因為句町有強勁的弓弩，風俗強悍，四處征戰。

　　有學者提出烏滸是西甌人，因為漢代開始，文獻中不記載西甌，出現了烏滸，地域都在廣西。〔註 54〕我以為此說合理，根據我的考證，西甌、句町都是仡央族群，這就證明烏滸確實與西甌同族。

〔註 54〕邱鍾侖：《駱越三題——對〈越史叢考〉有關駱越考證的異見》，中國百越民
　　　　族史研究會、雲南省民族事務委員會編：《百越史論集》，雲南民族出版社，
　　　　1989 年，第 362～373 頁。

　　貴州東部有犵兜，清代謝遂《職貢圖》：「犵兜亦犵狫之一類，鎮遠、施秉、黃平等處皆有之。」清代舒位《黔苗竹枝詞・犵兜》自注：「犵兜亦苗也，施秉、黃平皆有之。女子多美者，短衣偏髻，繡五彩於胸前。」張澍《黔苗竹枝詞》自注：「犵兜在鎮遠、施秉、黃平，好高坡居之。四時佩刀弩，入山逐禽獸。其藥箭尤毒，傷者立死。」〔註55〕犵兜人的分布和毒箭都符合詳細烏滸，犵兜的讀音接近句町，應是源自仡佬。

　　犵兜人住在高處，犵兜的語源正是高處，壯語的上方是 ktun，即犵兜、句町、皋通。句町在今雲南的東南部，因為在高原，比夜郎所在的南盤江河谷高，故名句町。瞿塘峽即高唐，《太平寰宇記》卷一四八奉節縣：「瞿塘峽在州東一里，古西陵峽也。連崖千丈奔流電激，舟人為之恐懼。」瞿塘峽或許因為高聳得名，或許因為仡兜人遷居得名。

　　漢代會稽郡句章縣城在今餘姚的城山村，句章的讀音接近犵兜、皋通、句町，可能也是源自水邊的高地。現在華北大平原的固堆也是高地，骨朵、疙瘩都是同源字。浙江南部的括蒼山也是句章的同源字，秦代所設的故鄣郡也是同源字，這也證明故鄣原本是地名，而不是指過去的鄣郡。

　　因為句町是西甌人，所以漢代交趾郡有西於縣，即西籥、西甌，說明交趾有西甌人。這些西甌人是南遷到交趾的西甌人，人口很少，集中在西於縣，所以才有西於縣。如果交趾到處都是西甌人，就不可能有西於縣。這也說明西甌在廣西，駱越在越南，二者不能混淆。

　　蒙文通指出駱越的主體在越南，《史記・南越列傳》：「（趙）佗因此以兵威邊，財物賂遺閩越、西甌、駱役屬焉。」《索隱》：「姚氏按《廣州記》云：交趾有駱田，仰潮水上下，人食其田，名為駱人。有駱王、駱侯。諸縣自名為駱將，銅印青綬，即今之令長也。後蜀王子將兵討駱侯，自稱為安陽王，治封溪縣。後南越王尉他，攻破安陽王，令二使典主交阯、九真二郡人。尋此即甌駱也。」古人引書，有時又加上自己按語，不加標點，往往混淆。蒙文通說這是姚氏認為駱人是甌駱，而非《廣州記》原文，交趾、九真的土著是駱人，我以為此說合理。

　　駱、雒同音，雒、雄形近，雒常誤為雄，所以劉宋沈懷遠《南越志》把雒越誤為雄越。後世也有中國與越南學者誤寫為雄越，根據駱越可以斷定雒是正字，雄是誤寫。所謂駱越因為駱田得名之說，不過六朝漢人之一說，未

〔註55〕王利器、王慎之、王子今輯：《歷代竹枝詞》，第1466、1496頁。

必可信。我以為駱田是因為駱越得名，正如戉是因為越人得名，正如瓷器因為來自中國所以就叫 China。一般而言，都是器物因為民族得名，而很難找到民族因為器物的例子。正如很多人誤以為越人來自戉，也有古人誤以為駱越源自駱田。

現在廣西的拉珈人自稱 lak ca，意思是山上人，駱、雒的上古音是來母鐸部 lak。很多學者不知駱、雒的上古音是 lak，誤以為是 lok 或 luk，因此誤考為侗臺語的鳥或山谷。

有人質疑蒙文通的看法，認為廣西也有駱越。《漢書・南粵傳》說：「粵桂林監居翁，諭告甌、駱四十餘萬口降。」蒙文通認為居翁所轄是西漢鬱林、合浦二郡，其中有駱越，蒙文通又說駱越在越南，所以蒙文通是自相矛盾。〔註56〕我以為駱越主要在越南，居翁所監之地或許主要在今廣西，但是居翁諭告之地或許還包括越南。廣西在廣東與越南之間，廣東與越南交通要經過廣西。居翁是桂林監，地位比交趾、九真的二使高，或者與之相當，可以諭告。廣東是南越國的核心，漢軍已占廣東，廣西和越南的南越國人顯然無法抵抗，居翁自然要諭告交趾、九真二郡一起降漢。

酈道元《水經注》卷三七《淹水》引《交州外域記》說：「越王令二使者，典主交趾、九真二郡民。後漢遣伏波將軍路博德討越王，路將軍到合浦。越王令二使者，齎牛百頭、酒千鍾及二郡民戶口簿，詣路將軍，乃拜二使者為交趾、九真太守，諸雒將主民如故。」

據《漢書・地理志》，西漢末的鬱林、合浦、交趾、九真四郡人口有 106 萬多，此時已經距離漢滅南越已有一百多年。如果我們認為居翁諭告的甌、駱四十餘萬口，包括越南境內的人口，一百多年人口增加兩倍多，符合常理。如果居翁諭告的甌、駱四十多萬人不包括越南境內的人口，僅是鬱林、合浦二郡的人口，就無法解釋為何到了西漢末年，鬱林、合浦兩郡僅有 15 萬多人。漢朝統治一百多年，人口應有較高增長，不可能減少三分之二。即便是因為居翁諭告的越人未被漢朝納入人口統計範圍，也不可能在一百多年之後減少三分之二。

蒙文通未能察覺這個問題，黃展岳指出蒙文通的錯誤，但是又認為《漢

〔註56〕邱鍾侖：《駱越三題——對〈越史叢考〉有關駱越考證的異見》，中國百越民族史研究會、雲南省民族事務委員會編：《百越史論集》，雲南民族出版社，1989 年，第 362～373 頁。

書·地理志》的人口數字有誤。我認為《漢書》人口數字無誤，因為西漢末年的零陵郡才 13 萬多人，桂陽郡才 15 萬多人，南海郡才 9 萬多人，所以鬱林、合浦合計 15 萬多人是正常數字。

雖然蒙文通誤以為居翁諭告的甌、駱四十餘萬口不包括越南境內的駱越，但是他說駱越主要在越南境內還是正解。還有一條證據，南宋周去非《嶺外代答》卷三《五民》說：「欽民有五種：一曰土人，自昔駱越種類也。居於村落，容貌鄙野，以唇舌雜為音聲，殊不可曉，謂之蔞語。二曰北人，語言平易，而雜以南音。本西北流民，自五代之亂，占籍于欽者也。三曰俚人，史稱俚獠者是也。此種自蠻峒出居，專事妖怪，若禽獸然，語音尤不可曉。四曰射耕人，本福建人，射地而耕也。子孫盡閩音。五曰蜑人，以舟為室，浮海而生，語似福、廣，雜以廣東、西之音。」駱越，形貌疏遠，應是南亞語系民族，此處是越南的京族。欽州與越南接壤，古代有京族很正常。這就證明駱越就是越南的京族，而不是廣西的壯族。

越南有石人（Saek、Sek），現在越南境內有兩個村子，主體在老撾南部與泰國交界的甘蒙省，約有五千人，傳說來自越南北部。他們雖然在遙遠的南部，但是語言卻是屬北部臺語，也即與北部壯語、布依語屬於同一支，但是也有相當差別。〔註 57〕蜀人是越人，所以才有句町作為下屬，我將在另書詳證。

成都漿洗街成漢墓出土了很多相貌奇特的陶俑，有人認為是李特的族屬氐人，我認為這是越人的長相，非常接近三星堆出土的人像，很可能也是蜀人的同源民族，證明蜀人是越人。

東晉常璩《華陽國志》卷三《蜀志》：「有蜀侯蠶叢，其目縱，始稱王。死，作石棺石槨，國人從之，故俗以石棺槨為縱目人冢也。次王曰柏灌。次王曰魚鳧。魚鳧王田於湔山，忽得仙道，蜀人思之，為立祠。」

我認為蠶叢 dzəm-dzong 和冉駹 ȵiam-meong 音近，就是上文所說的 Semang 人，讀音接近。他們是最早到達東亞的 Y 染色體 D 型族群，被排擠到了青藏高原和日本列島，所以現在 Y-D 型主要在藏族和日本人。所以羌族傳說祖先戰勝戈人身材矮小，眼睛突出，脖子很短，蠢笨而不知農業，住在山洞，羌人和戈人融合形成藏族。

〔註 57〕李錦芳：《侗臺語言與文化》，民族出版社，2002 年，第 12 頁。

成都漿洗街出土成漢陶俑

魚鳧即魚婦，也即越人，所以金沙出土的金帶上有最大的淡水魚鱘魚，說明崇拜魚。越人的宗教發達，所以信仙。《呂氏春秋》卷十《異寶》：「荊人畏鬼，而越人信機。」《淮南子・人間》：「荊人鬼，越人禨。」魚鳧是來自南方的越人，我將在另外的著作中詳細論證。

成都金沙遺址出土鱘魚紋金帶

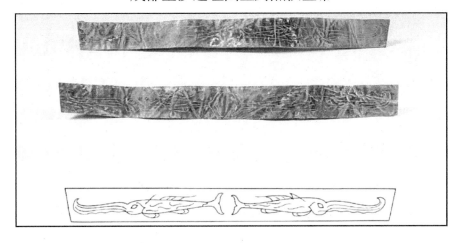

越南史學家常說到甌雒國，其實越南土著是駱越（雒越），而後壯傣族群的蜀人（Saek）與仡央族群的句町人（皋通）南遷，征服駱越，建立安陽國，或稱為蜀（Saek）國。但是不能稱為甌駱國，因為國王不是甌人而是蜀人，更不是駱越。句町人、西甌人、烏滸人是仡央族群，不是駱越，也不是蜀人（Saek）的壯傣族群，所以甌駱國之名不能成立。

越南史學家又常提文郎國，這個國家也不存在。中國史書從未記載文郎國，所謂的文郎國源自文郎人。《水經注》卷三十六《溫水》：「朱吾以南，有文郎人，野居無室宅，依樹止宿，食生魚肉，採香為業，與人交市，若上皇之民矣。縣南有文郎究，下流逕浦。」文郎人極為原始，顯然不可能建國。

趙佗給漢文帝的謝罪書說南越國：「其東閩越千人眾號稱王，其西甌、駱、裸國亦稱王。」甌、駱、裸國是從北到南，由近及遠。甌在廣西，駱在越南的北部，裸國在越南的南部。裸國的國，如同《山海經》中諸多的國，表示地域，不是國家政權。

古代西南內陸的越人和嶺南沿海越人的文化有密切交流，我在雲南保山博物館看到三件銅器，標名是戰國到西漢的銅盒，但是顯然不是銅盒，因為太扁，僅在下方有一些小孔，兩邊和上方還有很小的耳，顯然是用來穿繩懸掛。我認為這是樂器，最早是石磬，所以上方彎曲，仍然保持石磬的造型。

保山博物館藏銅磬

我認為這種樂器影響了嶺南沿海的越人樂器，我在廣西防城港博物館看

到漢代的銅鐘，上方有尖角，被人稱為羊角鈕編鍾，這種羊角固然是為了繫繩懸掛方便，但是也可以鑄造成其他造型，不必做成羊角形，越人沒有崇拜羊的傳統。如果我們看到保山的銅磬，上方彎曲，再看防城港的羊角編鍾，就容易相到羊角鈕很可能是受到保山銅磬上方的彎角的影響。防城港在廣西沿海，很早就被納入中原王朝的版圖，交通比保山要便利很多，所以更容易受到中原文化的影響，所以形態變化更大。

防城港博物館的羊角鈕銅鐘

第五節　夜郎是仡央族群建立

夜郎原是西南大國，漢武帝劉徹建元六年（前 135 年），出使南越國的唐蒙在番禺（今廣州），吃到了來自蜀地的枸醬，得知牂牁江（珠江）流到廣州。唐蒙回到長安問蜀地商人，才知是蜀商從夜郎國運來。夜郎國都在牂柯江邊，江廣百餘步，足以行船。南越以財物，役屬夜郎，西至同師。唐蒙獻計，從夜郎攻南越。劉徹拜唐蒙為中郎將，將兵千餘人，南見夜郎王多同，設犍為郡。發巴蜀卒治道，自僰道（今宜賓）指牂柯江。漢平南越時，且蘭王殺犍為太守，被漢朝平定，元鼎六年（前 111 年）設牂牁郡，治且蘭。且蘭在唐代清州清蘭縣，在今貴州清鎮。

我已指出，且蘭即者蘭，《百夷傳》說麓川：「其下稱思倫發曰昭，猶中國稱君長也。所居麓川之地曰者蘭，猶中國稱京師也。」李錦芳指出，者蘭

是侗臺語的 tse laan，tse 是城鎮，傣語（德宏）為 tse，一般譯為姐，laan 是百萬，引申為廣大。元代在西雙版納的首府景洪置徹里軍民總管府，徹里也即者闌。〔註 58〕所以且蘭即大城，因為在交通要道，原來是大城，所以牂牁郡治自然在且蘭縣。《漢書‧西南夷列傳》說夜郎國內有且同亭，牂牁太守陳立在此殺夜郎王興，且同應即侗人之城鎮。

唐代戎州都督府的羈縻州，筠州有澄瀾縣（在今筠連縣），鏡州有琮連縣（在今彝良縣），〔註 59〕瀘州都督府的羈縻州，長寧州有青盧縣（在今長寧縣）。澄瀾、琮連、青盧讀音都接近且蘭，靠近貴州，唐代仍是仡佬族之地，《太平寰宇記》瀘州的戶口記載漢戶有 2047，獠戶有 2415，可見獠人更多。

夜郎國都在今黔西南，《宋書‧州郡志四》說寧州治建寧郡（今雲南陸良），夜郎郡去州一千里，晉寧郡治建伶縣（今雲南晉寧）去州七百里，按此比例推算，夜郎在今黔西南。即使這七百里、一千里不是精確數字，夜郎郡治也不可能遠到黔西北。

李錦芳提出在今廣西那坡縣的布央人自稱為 ia rong，音近夜郎。布央人在雲南富寧、廣南與那坡，語言屬仡央語支，接近仡佬族。貴州西南部與廣西的布依族、壯族有許多布央族的傳說，廣西隆林、田林、西林有很多央字地名，說明布央人從黔西南向南遷到雲南省東南與廣西那坡。〔註 60〕

雲南的仡央語支族群布央、拉基、普標的 Y 染色體以 O2 型為主，而不是越人的 O1 型，證明仡央語支族群曾經向南征服很多族群，很可能是源自夜郎國的征服，則夜郎國的統治者可能是仡佬族。

唐代在今盤縣設盤州，《新唐書》卷四三下，戎州都督府的盤州：「其南交州。」盤州南到交州（今越南）還很遠，但是這條記載表明盤州向南有通往越南的路線，經過今雲南的東南部，這條路線正是仡央族群南征的路線，源自雲貴高原和越南沿海的商路。

夜郎王號稱竹王，《水經注》卷三十六《溫水》：「鬱水即夜郎豚水也。漢武帝時，有竹王興豚水，有一女子，浣於水濱，有三節大竹，流入女子足間，

〔註 58〕李錦芳：《侗臺語言與文化》，第 308～309 頁。

〔註 59〕郭聲波：《唐代馬湖南廣地區羈縻州研究》，徐少華主編：《荊楚歷史地理與長江中游開發——2008 年中國歷史地理國際學術研討會論文集》，湖北人民出版社，2009 年，第 284 頁。

〔註 60〕李錦芳：《侗臺語言與文化》，第 50 頁。

推之不去。聞有聲，持歸破之，得一男兒。遂雄夷濮，氏竹為姓。所捐破竹，於野成林，今竹王祠竹林是也。王嘗從人止大石上，命作羹。從者白無水。王以劍擊石出水，今竹王水是也。後唐蒙開牂柯，斬竹王首，夷獠咸怨，以竹王非血氣所生，求為立祠。帝封三子為侯，及死，配父廟，今竹王三郎祠，其神也。豚水東北流，逕談槁縣，東逕牂柯郡且蘭縣，謂之牂柯水。水廣數里，縣臨江上，故且蘭侯國也。一名頭蘭，牂柯郡治也。」漢朝初設牂牁郡時所殺的且蘭王，不是夜郎王。〔註61〕現在仡佬族還祭祀竹王，夜郎的主體民族應是侗臺語系的越人，而非來自西北高原的彝族。夜郎王稱雄夷、濮，指征服夷（布依族）和濮人，則夜郎國的統治者不是布依族和濮人。

有學者認為夜郎的主體民族是漢藏語系民族，濮是白族或彝族，顯然是誤解原文，也不懂濮人不是白族和彝族。前引侯紹莊之書既認為夜郎在今黔西南，又說夜郎的主體民族仡佬族是濮人，不是越人。顯然不確，仡佬族也是越人，而且他們是征服濮人。

唐代有夷郎縣，《新唐書》卷四三下記載戎州（今宜賓）都督府的羈縻州有武昌州，轄縣是：洪武、羅虹、琅林、夷朗、來賓、羅新、綺婆。《太平寰宇記》卷七九戎州記載南寧州（今曲靖）在戎州之南 2653 里，盤州（今盤縣）在戎州之南（原文誤為西）2007 里，武昌州在戎州之南 2317 里，則武昌州在今黔西南，武昌很可能是布仲，即布依族的自稱，現代閩南語的武還讀 bu，昌和仲音近。興仁縣的雨樟鎮，讀音接近，不知是否源自武昌州。洪武可能是今望謨縣，羅虹是今貞豐縣魯貢鎮或安龍縣魯貢村，夷朗縣應在附近。

戎州都督府的鏡州也有夷郎縣，在戎州之南 396 里，在今彝良縣東北部。又有移州，前引郭聲波之文認為在今鹽津縣東部到筠連縣西部，我認為移州之名源自今鹽津縣東部野容川。夷郎、野容、羅顯然都是同源字，《太平寰宇記》明確說鏡州也是獠人，此處不可能是布依族，而是仡佬族。

四川有雅礱江，《太平寰宇記》卷七四眉州丹稜縣（今丹稜縣）有夷郎川，吐蕃帝國的建立者松贊干布出自藏南的雅隆部落，東北有鴨綠江，雲南保山城西有易羅池，石屏縣有異龍湖，尋甸縣有易隆村，漢代益州郡有邪龍

〔註61〕尤中認為漢武帝時殺的是夜郎王，不是且蘭王，見尤中：《夜郎民族源流考》，《西南民族史論集》，雲南民族出版社，1982 年。我認為此說有誤。因為《史記》明確說殺且蘭君，而且《華陽國志》等書記載，漢成帝時還有夜郎王，說明夜郎歸順之後，漢朝沒有廢夜郎王。

縣（今巍山縣），宋代有易娘部（今雲南彝良縣），祿勸縣有易龍城，即唐代的諾羅州，雲南省博物館藏清代《普洱府圖說》記載傣族有弋羅部落。以上地名看似接近，但是多數是彝族之地，《元史》卷六一祿勸州易籠縣：「蠻語謂為水，籠為城，因此為名。昔羅婆部大酋居之，為群酋會集之所。」《蠻書》卷八記：「東爨謂城為弄。」東爨是彝族，彝語的易籠可能確實是水邊的城。

近年赫章縣可樂遺址備受矚目，也有學者認為這裡是夜郎國中心，其實這裡在漢代屬於朱提郡，遠離牂牁江，不可能是夜郎國中心所在。但是這裡曾經是夜郎周圍的小邑，所以文化上可能接近夜郎。

鄧子琴提出貴州威寧縣發現一方彝文印章，漢文的意思是以諾使用，以諾即夜郎。又有學者彝族傳說中的液那是夜郎，〔註62〕劉琳認為彝族東遷到貴州不可能早到西漢，所以夜郎主體民族不是彝族。〔註63〕也有學者認為彝族東遷黔西北可能早到秦漢時期，夜郎主要與仡佬族、彝族有關。〔註64〕但是上文已經論證夜郎郡在今黔西南，所以此說不確。

赫章縣輔處出土的西漢石寨山型銅鼓

〔註62〕易謀遠：《彝族史要》，社科文獻出版社，2007年。

〔註63〕劉琳：《夜郎族屬試探》，貴州省哲學社會科學研究所編：《夜郎考（討論文集之三）》，第207～218頁。

〔註64〕余宏模：《古夜郎境內的彝族先民》，貴州省哲學社會科學研究所編：《夜郎考（討論文集之一）》，第183～212頁。

又有學者提出夜郎是苗族建立，夜郎王多同是苗語翻譯，應漢譯為果雄。〔註65〕我認為果雄、多同讀音很遠，而且苗族西遷到黔西的時間很晚。漢代的苗族還主要在今湖南境內，所以夜郎與苗族的關係很遠。

興仁縣雨樟鎮的交樂漢墓群是貴州境內結構最複雜的漢墓群，出土很多一級文物。14 號大墓有十個墓室，非常罕見，出土了巴郡守丞銘文的鎏金印等很多高級文物，10 號墓出土了巨王千萬銘文印。交樂村之北不遠，就是興仁最大的鐵礦鮑家屯鐵礦。興仁縣西北的普安縣南部的銅鼓山是鑄造金屬器和加工玉器的場所，興仁縣南部的興義市東北部萬屯鎮出土了農田模型陶盆、銅車馬等精美文物，其東的安龍縣龍廣鎮有 12 處山頂上的建築遺址，出土了現在國內發現最大的羊角鈕鍾。因為普安、興仁、興義、安龍的夜郎文化遺址最密集，所以有學者認為是夜郎考古最有潛力的地域。貴州省境內漢代土著民族的墓葬集中在西北部和西南部，西北部以土坑墓為特色，西南部以石室墓為特色。〔註66〕唯獨黔西南靠近牂牁江，所以夜郎國的都城應在黔西南。安龍縣龍廣鎮可能是夜郎國都城東南的前哨，所以有很多山頂的居住遺址，防止來自東南的外族入侵。

興義萬屯漢墓出土的農田模型陶盆

〔註65〕張英志：《古夜郎國是我國苗族先民建立的──試論夜郎族屬問題》，貴州省哲學社會科學研究所編：《夜郎考（討論文集之一）》，第 216 頁。

〔註66〕張合榮：《夜郎尋蹤：戰國秦漢時期的貴州》，貴州人民出版社，2013 年，第 76～93、118～119 頁。

興義萬屯漢墓出土的銅車馬

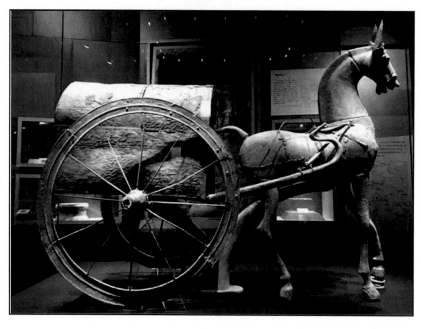

　　安順寧谷鎮大寨村發現漢代建築遺址和 120 多座漢墓，出土了大量精美的文物，包括長樂未央銘文瓦當、現在貴州發現的唯一漢代簡牘、銅馬、銅搖錢樹等，因此有人認為牂牁郡治夜郎縣在此，或者是牂牁郡的某縣治。〔註 67〕我認為此地平坦開闊，適合漢人居住，確實是一個重要的漢人據點，可能是某個縣治，可能是談指縣治，但是似乎未發現城牆。寧谷鎮遠離牂牁江，很可能不是夜郎縣治，至少不應該是夜郎國都。現在安順、平壩、清鎮三地的漢墓密集，是古代漢人的聚居地。黔西北的漢墓是土坑墓、磚室墓混合地域，磚室墓有很多畫像磚，漢文化色彩更濃，因為靠近漢地。貴州省中西部是土坑墓、磚室墓、石室墓混合地域，越往西南，土著的石室墓越多，則貴州省中西部是土著和漢人的混居地域。漢代的夜郎縣也可能不在夜郎國都附近，如果漢代的夜郎縣治在安順，也未必證明夜郎國都在安順。

　　黔西南金礦為貴州之首，貞豐縣有多處特大金礦。興義、興仁、普安、晴隆、貞豐等縣還有鐵礦，鐵是當時最重要的金屬，掌握鐵器。黔西南是南北盤江的交匯處，上游通往雲貴高原，下游通往兩廣海岸，交通便利，是高

〔註 67〕楊洪：《漢代牂牁郡治所在何方？——以安順寧谷遺址剖析為例》，《地下的貴州》，貴州教育出版社，2016 年，第 36～41 頁。

原物產與沿海物產貿易處，所以經濟發達，成為大國。

晉代分牂牁郡立夜郎郡，增設廣談縣、談樂縣。牂牁郡增設萬壽縣、晉樂縣、丹南縣、新寧縣，丹南縣的名字源自丹砂，萬壽縣還取代且蘭縣成為郡治，說明本地的經濟發展，漢文化的影響增強。牂牁郡的漢語地名較多，因為位置較北，靠近漢地。《宋書》說牂牁郡有 6 縣、1970 戶，夜郎郡有 4 縣、288 戶，說明牂牁郡平均每縣人口也比夜郎郡多。這也是因為牂牁郡位置靠北，能夠接受較多的漢族移民。

第六節　獠人入蜀與巴地仡佬

仡佬族在六朝時期曾經大舉向北遷入四川盆地，西晉張華《博物志》：「荊州極西南界至蜀，諸民曰獠子。」《魏書·獠傳》：「獠者，蓋南蠻之別種，自漢中達於邛、笮川洞之間，所在皆有。種類甚多，散居山谷，略無氏族之別。又無名字，所生男女，唯以長幼次第呼之。其丈夫稱阿謨、阿段，婦人阿夷、阿等之類，皆語之次第稱謂也。依樹積木，以居其上，名曰干蘭……鑄銅為器，大口寬腹，名曰銅爨，既薄且輕，易於熟食。建國中，李勢在蜀，諸獠始出巴西、渠川、廣漢、陽安、資中，攻破郡縣，為益州大患。勢內外受敵，所以亡也。自桓溫破蜀之後，力不能制。又蜀人東流，山險之地多空，獠遂挾山傍谷。與夏人參居者，頗輸租賦。在深山者，仍不為編戶。蕭衍梁、益二州，歲歲伐獠，以自裨潤，公私頗藉為利。」獠是南蠻別種的看法有誤，因為北方人不明南方民族，蠻、獠是不同民族。獠人最北到達四川的北部，《太平寰宇記》卷一三九巴州（治今巴中）引《四夷縣道記》：「至李特孫（李）壽時，有群獠十餘萬戶，從南越入蜀、漢間，散居山谷，因流佈在此地，後遂為獠所據。歷代羈縻，不置郡縣。至宋，乃於巴嶺南，置歸化、北水二郡，以領獠戶，歸化郡即今理是也。」獠顯然是仡央族群，居住干欄，使用銅鼓。獠人來自南越，指今貴州。獠人集中在四川盆地東部，北到漢水流域。

蕭梁在獠人之地設郡時，還給首領金券，《太平寰宇記》卷八七普州（治今安岳）：「李雄亂後，為獠所沒。梁置普慈郡於此，梁普通中，益州刺史臨汝侯賜群獠金券鏤書，其文云：今為置普慈郡，可率屬子弟，奉官租以時輸送。」

其中有木籠獠，《周書》卷二八《陸騰傳》：「陵州木籠獠恃險粗獷，每行抄劫，詔騰討之。獠既因山為城，攻之未可拔。」在今仁壽縣，木籠獠應即木佬人，說明獠是仡央族群。

北侵到四川的仡佬族，又名獽，《太平寰宇記》卷七十六簡州（治今簡陽）風俗：「有獽人，言語與夏不同。嫁娶但鼓笛而已……李膺記曰：此四郡獽也。又有夷人，與獽類一同。又有獠人，與獽、夷一同但名字有異而已。」卷一三六渝州（今重慶）風俗：「大凡蜀人風俗一同，然邊蠻界鄉村有獠戶，即異也。今渝之山谷中有狼狿鄉，俗構屋高樹，謂之閣欄。不解絲竹，唯坎銅鼓，視木葉以別四時。父子同諱，夫妻共名，祭鬼以祈福也。」

也有人認為獠、獽、賨、蜑還有差異，這可能是越人內部的差別，《隋書‧地理志上》梁州：「傍南山，雜有獠戶，富室者頗參夏人為婚，衣服居處言語，殆與華不別……又有獽、狿、蠻、賨，其居處、風俗、衣冠、飲食頗同於獠，而亦蜀人相類。」同書《南蠻傳》說到獽人，獽人無疑是仡佬族，他們最北到秦嶺。但是因為長期入蜀，和漢族通婚，所以逐漸為漢族同化。唐代僅有邊遠鄉村還有獠戶，但是獠人的血統保留在現在很多四川人的身上。現在四川很多人個子矮小，長相也很接近越人。四川的獽是仡佬族，不是壯族。壯族也有狼人，即壯族的儂氏，可能源自越語的人，馬來語的人是 orang，閩語、吳語的人原來都是 lang 或 nung，漢族的人也是同源字。

獠人北到成都平原，《太平寰宇記》卷七四嘉州（治今樂山）風俗：「州民與夷獠錯居，華人其風尚侈，其俗好文。夷人椎髻跣足，短衣左衽，酷信鬼神，以竹木為樓居，禮義不能化，法律不能拘。」卷七五邛州（治今邛崍）風俗：「此郡與夷獠相雜，愈於諸郡。」卷七七雅州（治今雅安）風俗：「邛、雅之夷獠，婦人娠七月而產，產畢置兒向水中，浮者取養，沈者棄之，千百無一沈者……俗信妖巫，擊銅鼓以祈禱，至今盧山縣新安鄉五百餘戶，即其遺人也。」

獠人東北到三峽，《太平寰宇記》卷一四九忠州（今忠縣）風俗：「夷獠頗類黔中，正月三日拜墓，二月二日攜酒郊外迎客，除夜然燈照先祖墳墓。」因為獠人來自四川盆地的東南部，所以在四川盆地東南部較多，而西北部較少。

我認為獽人入蜀，其實不是從六朝才開始。西漢就有閬中，閬、獽音近，閬中即因為獽人得名，說明早在上古就有一些獽人在嘉陵江流域。中江縣塔梁子東漢崖墓的 3 號墓發現 30 多幅浮雕，其中一幅有五個人拉手起舞，上方

寫有襄人。有人認為是胡人，〔註 68〕有人認為是羌人，〔註 69〕還有人認為是
獠人。〔註 70〕我將在另書論證，遠古成都平原的魚鳧、杜宇、開明都是來自
南方的獠人。

　　史書記載巴人西遷為板楯蠻，《華陽國志》卷一《巴志》：「秦昭襄王時，
白虎為害，自秦、蜀、巴、漢患之。秦王乃重募國中：有能殺虎者，邑萬家，
金帛稱之。於是夷朐忍廖仲、藥何、射虎秦精等乃作白竹弩於高樓上，射虎，
中頭三節。白虎常從群虎，瞋恚，盡搏殺群虎，大吼而死。秦王嘉之……漢
興，亦從高祖定秦有功。高祖因復之，專以射白虎為事，戶歲出賨錢口四十，
故世號白虎復夷，一曰板楯蠻，今所謂弜頭虎子者也。漢高帝滅秦，為漢王，
王巴蜀。閬中人范目，有恩信方略，知帝必定天下，說帝，為募發賨民，要
與共定秦。秦地既定，封目為長安建章鄉侯……目復請除民羅、樸、昝、鄂、
度、夕、龔七姓不供租賦。閬中有渝水，民多居水左右，天性勁勇，初為漢
前鋒，陷陳。銳氣喜舞，帝善之，曰：此武王伐紂之歌也。乃命樂人習學之，
今所謂巴渝舞也。」

　　重慶博物館所藏「漢歸義賨邑侯」金印，據《雲陽縣志》記載光緒時在
雲陽縣南境的雙河口夾溝壩（今屬奉節縣）出土，《三國志‧魏書‧武帝紀》
漢獻帝建安二十年（215 年）：「九月，巴七姓夷王樸胡、賨邑侯杜濩舉巴夷、
賨民來附，於是分巴郡，以胡為巴東太守，濩為巴西太守，皆封列侯。」這
枚金印很可能是曹操給杜濩的印，曹魏未實際擁有巴地，劉備取巴地，賨人
首領可能退到奉節，因此金印在此出土。

　　李特的祖先就是巴西郡宕渠縣的賨民，而且正是在東漢末年跟隨曹操，
遷到隴山之西的略陽郡臨渭縣（治今甘肅省天水之東），《華陽國志》卷九：
「李特字玄休，略陽臨渭人也。祖世本巴西宕渠賨民，種黨勁勇，俗好鬼巫。
漢末，張魯居漢中，以鬼道教百姓，賨人敬信。值天下大亂，自巴西之宕渠，
移入漢中。魏武定漢中，祖父虎與杜濩、樸胡、袁約、楊車、李黑等移於略
陽，北土復號曰巴人。」《晉書》卷一百二十《李特載記》：「李特，字玄休，

〔註 68〕王子今：《中江塔梁子崖墓石刻畫像榜題「襄人」考》，《中國歷史文物》2008
　　　　年第 3 期。
〔註 69〕霍巍：《襄人與羌胡——四川中江塔梁子東漢崖墓榜題補釋》，《文物》2009
　　　　年第 6 期。
〔註 70〕龍騰：《襄人不是胡人——四川中江塔梁子東漢崖墓榜題考》，《文物》2013
　　　　年第 2 期。

巴西宕渠人，其先廩君之苗裔也……值天下大亂，自巴西之宕渠，遷於漢中楊車阪，抄掠行旅，百姓患之，號為楊車巴。魏武帝克漢中，特祖將五百餘家歸之，魏武帝拜為將軍，遷於略陽，北土復號之為巴氏。」《魏書》卷九十五的臨渭氏苻健、略陽氏呂光和卷九十六的竇李雄，分別得很清楚。姚薇元指出李特不是氏人，所以晉惠帝時氏族齊萬年起兵，關西人數萬家入漢川，李特不從齊萬年。周一良認為李特被稱為氏，可能是混用。我認為李特確實是巴人之中的竇人，不是氏族。〔註71〕可能因為和氏人一起北遷，被我認為是巴氏，或者也確實和氏人雜居而互相同化。

重慶博物館藏漢歸義竇邑侯

戴裔煊認為《後漢書‧南蠻傳》巴郡南郡蠻民戶所出的嵰布就是吉貝布，也即棉布，證明巴人也是越人。〔註72〕我認為板楯蠻又名竇，讀音近壯。西漢在閬中西南設充國縣，即今南充由來，充的讀音也接近壯。首領是廖仲、藥何、秦精，廖或許源自獠，藥 iak 源自駱 lak，秦或是秦朝賜姓。仡央族群中的烏滸、句町（皐通）、溪人都有強弓毒箭，所以板楯蠻擅長射虎。板楯就是虎，西漢揚雄《方言》卷八：「虎，陳魏宋楚之間，或謂之李父，江淮南楚之間，謂之李耳，或謂之虎兔。自關東西，或謂之伯都。」〔註73〕秦晉稱虎為伯都，對應阿爾泰語系的虎 bras，蒙古語的勇士為拔都，或許也源自虎。上古音板楯是 pean-ziuən，接近伯都 peak-ta。板楯是他稱，秦人稱為伯都蠻（虎蠻），轉為板楯蠻。

〔註71〕周一良：《李氏稱巴氏》，《魏晉南北朝史箚記》，北京：中華書局，2007 年，第 115～116 頁。

〔註72〕戴裔煊：《獠族研究》，《民族學研究集刊》第 6 期，國家圖書館出版社影印，2010 年。

〔註73〕〔漢〕揚雄著、周祖謨校箋：《方言校箋》，北京：中華書局，1993 年，第 51 頁。

重慶博物館藏巴人銅戈上的虎紋

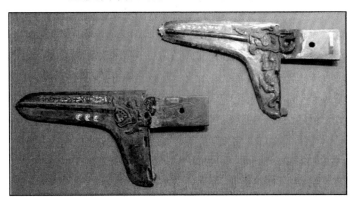

成都金沙出土石虎　　　　重慶綦江的虎與八角星岩畫

巴人祭白虎，板楯蠻從巴人分出，所以說來自朐忍。賨氏即巴人的瞫姓，即壯族的覃姓。相氏即襄，也即獽，襄陽、湘江都是源自此族。巴人的樊氏與板楯蠻的范氏，即蠻（苗族）。板楯蠻西遷，融合不少異族，樸即濮人，度出自蜀，音近獨，夕為邪母鐸部，王力擬為 zyak，音極近筰，接近蜀人。楚地有羅國、鄂國，不知是否也出自越人。

龔是共人，《華陽國志·巴志》：「其屬有濮、賨、苴、共、奴、獽、夷、蜑之蠻。」也即邛都之邛，《史記·西南夷列傳》：「西南夷君長以什數，夜郎最大。其西靡莫之屬以什數，滇最大。自滇以北君長以什數，邛都最大。此皆魋結，耕田，有邑聚。」邛都是越人，東南也有共，《逸周書·王會》：「共人玄貝。」共人在且甌（具區）、海陽之間，在今江浙。

巴地的夷是夷水（今清江）的土家族，但是夷的讀音接近布依的依 jai，或許是源自越人的部落。蜑人也是越人，雲南富寧、廣南與廣西那坡縣的布央人，自稱為 pu jaang，pu 是詞首，指人，jaang 就是延。布央人語言屬仡央

語支，南遷經過廣西田林、西林、隆林，有很多央字地名。〔註74〕古人把獽、蜑並舉，可能正是因為兩族關係較近，都在烏江流域，獽人北遷，而蜑人南遷。現在西南還有但姓，源自蜑人。

巴人西遷的原因是楚人西征，《戰國策‧燕策二》：「楚得枳而國亡。」《巴志》說：「巴子時，雖治江州，或治墊江，或治平都，後治閬中。先王陵墓多在枳，其畜牧在沮。」王象之《輿地紀勝》卷一五九：「銅梁山，《九域志》引《益部耆舊傳》云：昔楚襄王滅巴子，封廢子於濮江之南，號銅梁侯。《圖經》云：銅梁山在石照縣南五里。」石照縣治今合川，銅梁還有楚國所封的巴人小國，這也說明巴國都城確實遠徙閬中。因為楚國一直攻佔到枳，所以巴人向嘉陵江上游遷徙，和蜀人發生戰爭，《華陽國志》卷三《蜀志》：「蜀王別封弟葭萌於漢中，號苴侯，命其邑曰葭萌焉。苴侯與巴王為好，巴與蜀仇，故蜀王怒，伐苴侯。苴侯奔巴，求救於秦。」此事引發秦惠文王滅蜀、滅巴。

現代土家族測出 20% 的 M119（O1a）和 10% 的 M88（O2a1），源自越人。〔註 75〕一般認為土家族是巴人的直系後裔，所以巴人之中應該有很多越人成分。

獠人入蜀，留下了很多地名，開頭是通名，源自侗臺語系的語言詞序和漢語相反，被修飾詞放在詞頭。《太平寰宇記》卷八五榮州（治今榮縣）風俗：「夏人少，蠻獠多。男不巾櫛，女衣斑布。姓名顛倒，不知禮法。」獠人的侗臺語，詞序和漢語相反。

四川古代很多地名開頭都帶有賴，唐代宗大曆十四年（779 年），度支使下令四川地名中的賴字全部改換，普州蓬溪縣（今蓬溪）西部的賴王山改為賓王山，〔註 76〕昌州昌元縣（今榮昌）南部有賴婆山、賴婆溪，〔註 77〕梓州銅山縣北部（今中江東南）有賴應山，〔註 78〕果州流溪縣西部（今南充西南）有賴郎溪、瀨猿溪，〔註 79〕宋代榮州南部（今宜賓北部）有賴遠鎮，富順監（今自貢）有賴易鎮、賴井鎮、賴郎井、賴倫井、賴賓井、賴因

〔註74〕李錦芳：《侗臺語言與文化》，第 309～311 頁。
〔註75〕徐傑舜、李輝：《嶺南民族源流史》，第 276 頁。
〔註76〕〔宋〕樂史撰、王文楚點校：《太平寰宇記》，第 1728 頁。
〔註77〕〔宋〕樂史撰、王文楚點校：《太平寰宇記》，第 1747 頁。
〔註78〕〔宋〕樂史撰、王文楚點校：《太平寰宇記》，第 1653 頁。
〔註79〕〔宋〕樂史撰、王文楚點校：《太平寰宇記》，第 1712 頁。

井、獠母井，〔註80〕我認為賴即黎、俚的同源字，源自百越語的山嶺，《太平寰宇記》儋州風俗說：「俗呼山嶺為黎，人居其間，號曰生黎。」漢語的嶺可能也是同源字，嶺最早是南方地名。

賴也寫成羅，嘉州羅目縣北部（今峨眉山市南部）有羅蒙山（羅目山），〔註81〕雅州名山縣（今名山）：「蒙山，在縣西七十里，北連羅繩山。」〔註82〕羅繩山應是羅罔山，罔、蒙音近，所以羅罔山就是蒙山，羅就是山，邛州臨溪縣（今蒲江北部）有羅指山，〔註83〕綿州羅江縣（今羅江縣）西南有羅貴山。〔註84〕四川南部也有很多地名以羅字開頭，《新唐書》卷四三下的戎州都督府羈縻州，納州有羅圍、羅當、羅藍縣（在今納溪），晏州有羅陽縣（在今興文），長寧州有羅門縣（今長寧），這些地方都是獠人也即仡佬族，證明羅字地名源自越人。貴州境內也有很多羅字開頭的地名，有羅甸縣等。

又寫成奴，普州安居縣（今安岳）東南有奴雞山，樂至縣有奴南山，〔註85〕永川縣有銅鼓山，〔註86〕榮州旭川縣（今榮縣）有夜郎王的竹王廟，公井縣（今榮縣）和嘉州犍為縣（今犍為）之間有野容山，〔註87〕即夜郎山。邛州大邑縣（今大邑）也有竹王廟，〔註88〕源自北遷的越人。

〔註80〕〔宋〕樂史撰、王文楚點校：《太平寰宇記》，第 1697 頁。
〔註81〕〔宋〕樂史撰、王文楚點校：《太平寰宇記》，第 1511 頁。
〔註82〕〔宋〕樂史撰、王文楚點校：《太平寰宇記》，第 1553 頁。
〔註83〕〔宋〕樂史撰、王文楚點校：《太平寰宇記》，第 1527 頁。
〔註84〕〔宋〕樂史撰、王文楚點校：《太平寰宇記》，第 1666 頁。
〔註85〕〔宋〕樂史撰、王文楚點校：《太平寰宇記》，第 1731、1732 頁。
〔註86〕〔宋〕樂史撰、王文楚點校：《太平寰宇記》，第 1748 頁。
〔註87〕〔宋〕樂史撰、王文楚點校：《太平寰宇記》，第 1700、1701 頁。
〔註88〕〔宋〕樂史撰、王文楚點校：《太平寰宇記》，第 1525 頁。

第五章　上古長江中下游的越人

第一節　越章、越裳為越壯

上古的湖北也有很多越人，《呂氏春秋・恃君》說：「揚漢之南，百越之際，敝凱諸、夫風、餘靡之地，縛婁、陽禺、驩兜之國，多無君。」此處的揚水，可能源自漢水上游的揚越之地。但是《水經注》記載揚水在長江與漢水之間，也可能指江漢平原以南。

周穆王曾征討漢水流域的越人，《北堂書鈔》引《竹書紀年》：「周穆王伐大越，起九師，東至九江，駕黿鼉以為梁也。」〔註1〕周人不可能稱越為大越，應是伐越、大起九師之誤，《太平御覽》引《竹書紀年》：「周穆王四十七年伐紆，大起九師，東至於九江，比黿以為梁。」紆是越之音訛，上古音的紆是iua，越是 ɣuat，音近。上古的九江是長江水網的通名，江漢平原和今湖北省最東部都有九江。周穆王的父親周昭王伐楚失敗，死在漢水，周穆王不可能打到今天的湖北省最東部，此處的九江和揚越應在今漢水中游。

戰國時期的荊州，越人應該不多，所以《禹貢》揚州因揚越得名，《戰國策・秦策三》說吳起：「南攻揚越。」《史記・南越列傳》：「秦時已併天下，略定揚越。」因為楚人把揚越再向南擠壓，所以秦代的揚越已經接近嶺南。

彭適凡提出，鄂東南到贛北的考古文化和楚文化明顯有別，就是揚越文化。江西瑞昌發現商代冶銅遺址，湖北大冶發現西周初年的冶銅遺址，陽新

〔註1〕〔唐〕虞世南：《北堂書鈔》卷一百一十四引，另《初學記》卷七引《竹書紀年》：「周穆王三十七年，東至於九江，比黿鼉以為梁。」

發現西周到春秋的冶銅遺址，江西清江吳城遺址出土商代中期的圓形熔爐。贛江中下游的商代吳城青銅文化與贛東北萬年類型的青銅文化既有共性，又有差異，吳城文化是揚越文化，贛東北是干越文化。〔註2〕

湖北的越人，原來勢力很大，西周中期被楚人征服。《史記·楚世家》：「當周夷王之時，王室微，諸侯或不朝，相伐。熊渠甚得江漢間民和，乃興兵伐庸、楊粵，至於鄂……乃立其長子康為句亶王，中子紅為鄂王，少子執疵為越章王，皆在江上楚蠻之地。」

熊渠所伐的鄂國所在，舊有二說。一在今湖北鄂州，即漢晉時期的鄂縣，可稱為東鄂。一在今河南的南陽，即漢晉時期的西鄂縣。現在看來，熊渠所到的鄂應在楚國北部。不過根據考古發現，西周的鄂國在今隨州安居鎮。句亶在漢水上游，鄂王在漢水中游。越章王在漢水下游。

湖北鄂地附近的越，就是壯族，因為劉向《說苑·善說》記載春秋時期，鄂君子晳泛舟，有越人擁楫而歌，歌詞用漢字音譯越語，鄂君子說：「吾不知越歌，子試為我楚說之。」於是召來越語翻譯，為他譯為漢語。這段記載是中國最古老、最珍貴的整篇漢越對譯文獻，壯族語言學家韋慶穩發現壯語這一段越語可以用壯語完好解釋，〔註3〕這就說明鄂地的越人是壯族。

上古氣候遠比現在濕熱，湖北河湖密集，遍布犀牛、大象，《戰國策·宋衛策》：「荊有雲夢，犀兕麋鹿盈之。」《楚策》：「於是楚王遊於雲夢，結駟千乘，旌旗蔽天。野火之起也若雲蜺，兕虎之嗥聲若雷霆。」《楚辭·招魂》：「與王趨夢兮課後先，君王親發兮殫青兕。」環境類似現在的東南亞，所以越人在此生活很正常。

越章王的章很可能就是壯族的壯，現在一般認為壯族的名字，源自北部壯族自稱為 pou ɕuung 或 pou tsuung。這個名字在漢語文獻中出現較晚，宋代才有。但是既然是壯族自稱，應該很早就有，不過未被漢人記載。

布依族又名仲家，仲、僮（壯）、侗都是源自山林 dong，也譯為峒、洞，不是指山石的孔洞。

就在湖北章山的旁邊，上古時還有一個地名，名為那處，《左傳》魯莊公

〔註2〕　彭適凡：《略論揚越、干越和於越對我國冶金術的傑出貢獻》，《國際百越文化研究》，第 339～354 頁。
〔註3〕　韋慶穩：《〈越人歌〉與壯語的關係》，《民族語文論集》，中國社會科學出版社，1981 年。韋慶穩：《試論百越民族的語言》，《百越民族史論集》，中國社會科學出版社，1982 年。

十八年說楚國：「遷權於那處。」《水經注》卷《沔水》：「沔水又東，右會權口，水出章山，東南流逕權城北，古之權國也。《春秋》魯莊公十八年，楚武王克權，權叛，圍而殺之，遷權於那處是也。東南有那口城，權水又東入於沔。」此地在今沙洋縣，那字為首的地名是典型的壯語地名，這難道是巧合嗎？

漢水岸邊有章山，《漢書・地理志》江夏郡竟陵縣：「章山在東北。」章山在今湖北沙洋縣。《水經注》卷三十五《江水》說長江：「又東得桑步，步下有章浦，本西陽郡治，今悉荒蕪。」此地就在鄂城東南不遠，另有漳河流經隨州、安陸、京山、應城、雲夢境內。

章姓主要分布在東南，很可能源自壯族。明朝的章姓集中在浙江、江西、安徽、廣西、江蘇等省，現在中國的章姓集中在浙江、安徽、湖北、江西、江蘇等省。〔註4〕唐貞觀八年（634年）高士廉的《條舉氏族事件》記載洪州豫章郡（今南昌）五姓，有章。南宋鄭樵《通志・氏族略》章：「望出豫章。」南宋鄧名世《古今姓氏書辯證》：「唐貞觀所定……洪州豫章郡六姓，皆有章氏。」〔註5〕

楚地有越人還有一證，《國語・鄭語》史伯說：「芈姓夔、越，不足命也。蠻芈，蠻矣。唯荊實有昭德，若周衰，其必興矣。」這句話說南方的芈姓國家，夔、越、蠻都不能強大，唯有荊楚能夠強大。說明楚地有越人，而且古人能夠區分侗臺語系的越與苗瑤語族的蠻。夔在今湖北秭歸，也是一個偏僻的小國。

上古還有越裳，《韓詩外傳》卷五周成王時：「越裳氏重九譯，而獻白雉於周公。」《尚書大傳》卷五：「交趾之南，有越裳國。」有越南學者以為越裳是越章，也即豫章，蒙文通為反駁越南學者提出的越人曾佔據整個長江以南之說，否定豫章說。〔註6〕我以為越裳、越章不是豫章，因為豫章是樹，《戰國策・宋衛策》：「荊有長松、文梓、梗枏、豫樟，皆大木也。」《水經注》卷三九《贛水》說南昌縣：「城之南門曰松陽門，門內有樟樹，高七丈五尺，大二十五圍，枝葉扶疏，垂蔭數畝。應劭《漢官儀》曰：豫章，樟樹生庭中，故以名郡矣。」現在還有樟樹市，但越裳對應越章是重要的發現，

〔註4〕　袁義達主編：《中國姓氏・三百大姓》中冊，華東師範大學出版社，2007年，第110頁。

〔註5〕　梁洪生：《唐以前江西地方姓望考》，《歷史地理》第十輯，上海人民出版社，1992年。

〔註6〕　蒙文通：《「越裳為越章」辨》，《越史叢考》，第26～28頁。

裳、章讀音很近，可以相通。

我認為越裳、越章都是越壯，侗臺語系詞序與漢語相反，越壯就是壯越，《呂氏春秋·本味》的越駱也即駱越，這也說明壯族的名字很早就為漢人記載。

越裳所貢的白雉應是白腹錦雞，分布核心區是雲南，北到四川南部，東到貴州、廣西的西部，南到緬甸，西到西藏東南部。腹部純白，頸背、尾部是黑白二色，間有紅色羽毛，頭部有一縷紅色羽冠，頸部、背部藍綠色。這種鳥在中原罕見，所以特別珍貴。

所以越裳氏很可能是在廣西、雲南一帶，也即壯族。《漢書·平帝紀》元始元年（1年），越裳氏獻白雉。《後漢書·光武紀》建武十三年（37年），南越徼外蠻夷獻白雉。同書《和帝紀》元和元年（84年），日南徼外蠻夷獻白雉。東晉葛洪《抱朴子》說：「白雉自有種，南越尤多。」〔註7〕

上文說過《史記·高祖功臣侯者年表》堂邑侯陳嬰條：「四歲，項羽死，屬漢，定豫章、浙江都浙自立為王壯息，侯。」這個壯息在浙江自立為王，其實就是章姓。所以壯族很早就被寫作壯了，1949年改獞為僮，1965年改為壯。殊不知，兩千年轉了一個圈，又回到了壯字。

第二節　雲夢為越語草湖

古代江漢平原有一片很大的湖區，稱為雲夢。《周禮·職方》荊州：「其澤藪曰雲夢。」《爾雅·釋地》、《呂氏春秋·有始覽》十藪、《淮南子·地形》九藪之中都有雲夢。

雲夢澤中有很多犀牛和麋鹿，《戰國策·宋策》：「荊有雲夢，犀兕麋鹿盈之。」《楚策》：「於是楚王遊於雲夢，結駟千乘，旌旗蔽天。野火之起也若雲蜺，兕虎之嗥聲若雷霆。有狂兕群車依輪而至，王親引弓而射，一發而殪。王抽旃旄而抑兕首，仰天而笑曰：樂矣，今日之遊也。」《楚辭·招魂》：「與王趨夢兮課後先，君王親發兮彈青兕。」

譚其驤提出雲夢不僅有湖水，還有原野，我以為此說合理，〔註8〕但是他說其中還有高山密林，我以為不確。因為司馬相如的《子虛賦》太過誇張，

〔註7〕〔宋〕李昉等：《太平御覽》卷九百一十七引。
〔註8〕譚其驤：《雲夢與雲夢澤》，《長水集》下冊，人民出版社，2009年，第110～123頁。

不足為信。現在江漢之間既無高山，古代的雲夢澤中也不可能有大片森林。

古人有時說夢中，《左傳》宣公四年說，令尹子文之父在邧國時私通邧子之女，生下子文。其母：「使棄諸夢中。虎乳之。邧子田，見之。」昭公三年說鄭伯到了楚國，楚子與鄭伯：「田江南之夢。」

有時說雲中，《左傳》定公四年說吳師入郢，楚子自郢出走：「涉睢，濟江，入於雲中。王寢，盜攻之，以戈擊王。」

邧國之名也來自雲，漢代有雲杜縣，在今湖北京山，《禹貢》荊州：「雲土夢作乂。」雲土即雲杜，《國語・楚語》說楚國：「又有藪曰雲連徒洲。」我以為連是運之訛，運是運的同音衍字，雲徒即雲土、雲杜。為何雲夢在這四個地名中僅有雲字呢？

我以為要從語言學解釋，王逸注《楚辭・招魂》：「夢，澤中也，楚人名澤中為夢中。」又注：「夢，草中也。」楚人稱草為夢，其實這個字的本字就是莽，揚雄《方言》卷十一：「蠅，東齊謂之羊。」郭璞注：「此亦語轉耳，今江東人呼羊聲如蠅。」〔註9〕江東人把 ang 讀為 eng，所以夢就是莽。

許慎《說文解字》卷一：「莽，南昌謂犬善逐兔草中為莽。」莽字，上下為草，中間是犬，許慎為了解釋這個字的字形，找到了南昌方言。但是我以為莽的本意是野草叢，古人要進入必須帶狗，所以造出莽字。漢代南昌話因此把進入草叢的狗引申為莽，這不是莽的本義。因為野草一望無際，所以又從表示草的芒字造出茫字。芒草在中國各地常見，極易蔓延為草叢。

雲夢的雲，上古音是 hiuən 按照上文夢對應 mang，則雲應讀為 hiuang，對應壯語的湖泊 vang，也就是漢語的汪、潢、窪、污、洿等字的字根。雲南的名字源自漢代的雲南縣，在今祥雲縣東部的雲南驛村，不是源自雲嶺之南或彩雲之南等晚出的錯誤說法，而是源自湖泊，雲南縣城之西恰好是青海湖。

所以我們就能明白為何有時說夢，有時說雲。邧子、楚子與鄭伯在夢中墾田，夢是草叢。而雲是湖泊，吳國攻入楚國都城，楚王危在旦夕，必須躲在雲中，也即湖中。

雲杜、雲土、雲徒的杜、土、徒是越語的土山 doi，就是湖泊之中高地，自然是墾田之地，也是縣城所在。邧作為國號，指瀕臨湖區，自然不可能用夢，否則成了草國，世界上到處都有草，不可能成為國號。

杜、土、徒對古代東南丘陵的山嶺地名通語都字，《山海經・海內東經》

〔註9〕〔漢〕揚雄著、周祖謨校箋：《方言校箋》，第 70 頁。

附錄的《水經》，周振鶴師認為是秦代作品。〔註10〕記載 26 條河流，第 2 條是：「浙江出三天子都，在其東，在閩西北。入海、餘暨南。」第 15 條是：「贛水出聶都東山，東北注江，入彭澤西。」漢代豫章郡有雩都縣，即今於都。《太平寰宇記》卷一百八雩都縣：「雩山，在縣北二十五里，耆老相傳云昔人祈雨於此山下，往往感應，故曰雩山。」可見雩都得名於雩山，但是所謂祈雨得名是漢化的附會，原來應是越語地名。《宋書》卷三六《州郡志一》江州南康公相（即南康郡）：「寧都子相，吳立曰楊都，晉武帝太康元年更名。」即今江西寧都，初名揚都，很可能也是源自揚都山。《水經注》卷三十九《鍾水》，《水經》說：「鍾水出桂陽南平縣都山。」酈道元注：「都山，即都龐之嶠，五嶺之第三嶺也。」都龐嶺是越語地名，越語和漢語的順序相反，都龐即龐都，都是山，都龐即龐山。

有人用現在壯語地名漢譯的都字去解釋番禺之都的都，其實不對，上古音的都是 ta，不是現代讀音 du。都應是古越語，對應現代壯語的 doi。現在布朗語的山是 tu，比較近似。

雲夢的本義是雜草叢生的沼澤地，雖然多水，但是很淺，也就是我們現在所說的濕地。

從雲夢的讀音 vang-mang，我們又能想到汪芒氏，《國語・魯語》說：

> 吳伐越，墮會稽，獲骨焉，節專車。吳子使來好聘，且問之仲尼……客執骨而問曰：「敢問骨何為大？」仲尼曰：「丘聞之：昔禹致群神於會稽之山，防風氏後至，禹殺而戮之，其骨節專車，此為大矣。」……客曰：「防風何守也？」仲尼曰：「汪芒氏之君也，守封禺之山者也，為漆姓。在虞、夏、商為汪芒氏，於周為長狄，今為大人。」

裴駰《集解》引徐廣曰：「封禺山在武康縣南。」我曾指出汪芒氏所在的封禺山就是浮玉山，《山海經・南次二經》浮玉山：「北望具區，東望諸毗……苕水出於其陰，北流注於具區。」具區是太湖，苕水是苕溪，浮玉山是天目山。《史記・太史公自序》說：「少康之子，實賓南海，文身斷髮，黿鱓與處，既守封禺，奉禹之祀。句踐困彼，乃用種、蠡。嘉句踐夷蠻能修其德，滅強吳以尊周室，作越王句踐世家第十一。」司馬遷說越國北守封禺山，說

〔註10〕周振鶴：《被忽視了的秦代水經——略論〈山海經・海內東經・附篇〉的寫作年代》，《周振鶴自選集》，廣西師範大學出版社，1999 年。

明就是浙江省的北界天目山。武康縣在今德清縣西部，西臨天目山。

　　汪芒氏的居地不僅北臨太湖，東部也是湖沼地帶。諸毗即渚陂，也即湖泊，現在德清東部還有下渚湖。汪芒氏居住在濕地之中，汪芒就是雲夢，也即草湖，故名汪芒。

第三節　干越、上淦與上贛君

　　江西簡稱贛，源自贛江。贛江可能源自干越，《荀子・勸學》：「干越夷貉之子，生而同聲，長而異俗。」《史記・貨殖列傳》：「合肥受南北潮，皮革、鮑、木輸會也，與閩中、干越雜俗。」干越在江西的北部，餘干之名或許源自干越。《太平御覽》引韋昭注《漢書》：「干越，今餘干縣之別名。」南宋江西清江（今樟樹）人劉昌詩《蘆浦筆記》卷四：「按玉山縣有二溪，名上干、下干，合流至饒之東南，而水迴環，因以名縣餘干是也。」上干、下干合流即餘干水（今信江），不知干水之名是否源自玉山縣。

　　江西東北部多銅礦，干越人擅長冶金鑄劍，《莊子・刻意》：「夫有干越之劍者，柙而藏之，不敢用也，寶之至也。」《戰國策・趙策三》：「夫吳干之劍，肉試則斷牛馬，金試則截盤匜。」為吳王鑄劍的干將很可能就是干越人，因此干越被吳國滅亡，《管子・小問》：「昔者吳干戰，未齔不得人軍門。國子擿其齒，遂入，為干國多。」1935 年河南輝縣出土銅壺銘文說：「禺邗王於黃沲（池），為趙孟庎邗王之惕（錫）金，臺（以）為祠器。」禺即吳，指的是在黃池會盟的吳王夫差。說明吳王又稱邗王，所以有很多人以為此處記載吳國與邗國交戰，邗國在今江蘇揚州，今仍有邗江之名。我以為邗國也可能與干越有關，不能因為揚州的邗國就否定江西干越的冶金技術。乾隆二十六年（1761 年），臨江（今樟樹市臨江鎮）人耕地，發現十一件古鐘，有十件鐫銘：「唯正月初吉日丁亥，工□王皮□□子。」這是吳王之器，說明吳國曾經佔有此地。

　　安徽銅陵、南陵、繁昌、青陽、貴池、涇縣發現古礦冶遺址 60 多處，早到商周時期。因此彭適凡認為是干越創造，﹝註 11﹞我以為此說合理，安徽在江西與江蘇之間，歷史上江西主要依賴揚州運來的淮鹽，五代十國時期，南方唯有江西未有國家，江西屬於揚州軍閥建立的吳國。歷史上江西和江蘇關

──────────

﹝註11﹞彭適凡：《略論揚越、干越和於越對我國冶金術的傑出貢獻》，《國際百越文化研究》，第 339～354 頁。

係密切，揚州的邘國或許與江西的干越有關。

　　上海博物館藏一方楚印：上贛君之諝琜。前人多以為上贛是今贛江上游的贛州市，又包山楚簡 180 號有□君，劉信芳讀為淦君，即今新幹縣。〔註12〕《水經注》卷三九《贛水》：「淦水出其（新淦）縣下，注於贛水。」我以為新淦的淦，就是指贛江，不存在另外一條淦水。現在新幹縣城所在附近無淦水之名，而且這一段贛江恰好在峽谷，兩側支流很小，所以新淦縣自然是源自贛江之名，而不可能源自其兩側極小的支流。

　　新淦到南昌之間的贛江沿岸不設縣城，向南到贛州的贛江沿岸也不設一個縣城，而其新淦、峽江一帶恰好是贛江的峽谷，所以古人要在此設新淦縣，而且是漢代豫章郡都尉所治。

　　漢代還有一個上淦，《漢書》卷六四《嚴助傳》說劉安上書：「前時南海王反，陛下先臣使將軍間忌將兵擊之，以其軍降，處之上淦。」南海王之地在今廣東的東部，《漢水》卷二《高帝紀下》說漢高祖十二年（前 195 年）下詔：「南武侯織，亦粵之世也，立以為南海王。」南海王地，瀕臨南海，又在閩越、南越之間，則在今韓江流域。秦末趙佗為龍川縣令，南海郡都尉任囂死前，令趙佗代為南海郡都尉，趙佗兼併桂林、象郡，自立為王。此時東江一帶秦軍西調，所以南越國不能控制廣東的東部。《漢書》卷四十四《淮南王傳》說：「南海民處廬江界中者反，淮南吏卒擊之。陛下遣使者齎帛五千匹，以賜吏卒勞苦者。長不欲受賜，謾曰無勞苦者。南海王織上書獻璧帛皇帝，忌擅燔其書，不以聞。」說明還有南海王之下屬，遷往廬江郡。

　　南海王內遷的上淦就是上贛，就是贛江上游。從韓江上游到雩都縣（今於都縣）有山路，《太平寰宇記》卷一百八虔州雩都縣（今於都縣）說：「即漢高帝六年，使灌嬰防趙佗所立縣也。」說明從南越國到雩都縣有山路，此時尚未分封南海王，其實這條山路也通往南海王境內，所以才能分封南海王。

〔註12〕劉信芳：《包山楚簡解詁》，藝文印書館，2003 年，第 188 頁。

　　有人說漢代的上淦在新淦附近，樟樹市的築衛城就是漢代的都尉城，遺址包括新石器時代文化層和東周文化層，上淦、新淦、都尉是三個城。〔註13〕我以為上淦不在新淦附近，三個城之說全是推測，但是此說聯繫到樟樹市到新幹縣北部的眾多遺址確實很有啟發性。樟樹市有吳城商代遺址，新幹縣北部的大洋洲有商代大墓，最晚從商代開始，中原王朝就在樟樹一帶建立據點。

　　不難想像，從大洋洲向南，進入峽谷山地，原來是越人據守之要塞，北方人不便進入，所以中原王朝的據點恰好設在新淦之北的樟樹一帶。樟樹一帶既然從商代以來就有中原王朝的據點，則很可能是最早的贛君所在。築衛城遺址是東周秦漢古城，發現楚式鬲等，鄭威認為清江築衛城很可能是淦君封地。〔註14〕

　　我以為淦君原來可能確實在樟樹市，到戰國秦漢之際，北方王朝推進到贛江上游，所以把據點推進到了新淦的峽谷，故名新淦。如果楚國的淦君在新淦附近，則上贛君在贛州。

　　在江西北部，楚國控制了很多地方，所以才能在贛南封建上贛君。羅福頤《古璽彙編》0218 號有新畬之珎，我以為是新餘，不過自然不是今天的新餘，今天的新餘是 1953 年簡化新喻而產生。楚國的新餘，應在餘水流域，也即信江一帶。西漢有餘干縣，在今餘干縣，《漢書·地理志》：「餘汗，餘水在北，至鄡陽入湖漢。」北京古陶文明博物館還藏有楚國的畬字封泥，〔註15〕新餘或在餘江的上游，位置失考。

新餘之珎　　　　　　　　新餘之餘

〔註13〕曲英傑：《長江古城址》，湖北教育出版社，2004 年，第 302～304 頁。
〔註14〕鄭威：《楚國封君研究》，湖北教育出版社，2012 年，第 183 頁。
〔註15〕周曉陸、路東之：《新蔡故城戰國封泥的初步考察》，《文物》2005 年第 1 期。

　　故宮博物館藏有一方楚印：籲陽□琮。籲陽是地名，我以為此籲水很可能是江西盱江，《漢書·地理志》豫章郡：「南城，盱水西北至南昌入湖漢。」西漢的盱江流域僅有南城縣，但是南城縣遠離南昌，似乎不是相對南昌而言。在今撫州一帶原來應有一縣，或許就是籲陽。

　　楚國封泥又有鄱邑大夫琮，包山楚簡175號有鄱君之右司馬，或以為鄱君、鄱邑是今河南信陽的潘國，或以為在今江西鄱陽。我以為在江西，因為信陽的潘國很小，漢代不設縣，而鄱陽則從秦漢以來一直存在。《史記·項羽本紀》：「鄱君吳芮率百越佐諸侯，又從入關，故立芮為衡山王，都邾。」江西是越人聚居地，信陽不是，所以鄱君應在江西，而不可能在河南。有人說，英布是六（在今六安）人，靠近信陽，所以鄱在今信陽。〔註16〕

　　我以為此說不確，《史記·黥布列傳》：「黥布者，六人也⋯⋯亡之江中為群盜。陳勝之起也，布乃見番君，與其眾叛秦，聚兵數千人。番君以其女妻之。」其實最關鍵的兩個字是江中！前人居然不察，英布雖然是六人，但是他活躍在長江之中，不是六安附近的大別山。所謂長江，其實就是彭蠡澤一帶湖泊，向南緊鄰鄱陽，所以英布才去投奔鄱君。

籲陽□琮　　　　　　　　　　鄱邑大夫琮

　　上古鄱陽縣在今鄱陽縣東北部的古縣，再向東北，進入山地，所以楚國在此設封君。總之，楚國在江西中北部鄱陽湖平原控制較強，東北部、西北部、南部山地則多設封君。而新餘、籲陽等名到秦漢不見，因為楚國在江西控制本來薄弱，又有秦漢之際的變亂，所以這些地名消失了。

　　干越的干，讀音接近侗族的自稱 kam，壯族能夠北遷到湖北、浙北，侗族也能北遷到江西的北部，不知干越是否源自壯侗族群。

〔註16〕鄭威：《楚國封君研究》，第152頁。

第四節　浙江、錢塘、武林、盱眙與壯語

浙江省會杭州，最早稱為錢唐，其西有武林山、武林水，所以後世的杭州有武林門，因而杭州又有別名武林。浙江、錢塘、武林的由來，前人有很多爭論，本文試考其由來。

一、浙江之浙源自諸暨

浙江的由來，前人很少論述。浙江又名之江，有人說之江得名於形似漢字的之字，或者說浙江因為曲折得名，其實二說本質相同，但是都是無稽之談，因為自然界的所有河流都是曲折的，沒有筆直的河流，所以這不可能成為浙江專名的由來。之江本來是浙江的音訛，要破解浙江的由來，首先需要明白上古音，其次需要關注浙江沿岸的古代民族與地名。

上古音的浙是章母月部，王力擬為 tçiat，[註17]而上古時期浙江沿岸的地名留下的極少，我們注意到浙江東面有諸暨縣，上古音的諸是章母魚部，王力擬為 tçya，暨是群母物部，王力擬為 giət，浙可能是諸暨的合音。

諸暨得名於古代的一支部族，叫做諸稽，《國語·吳語》說到一個越人諸稽郢，《史記·越世家》作柘稽郢。1979 年江西省靖安縣出土了徐令尹者旨荊爐盤，李學勤先生認為就是諸稽氏。[註18]《國語·鄭語》說祝融之後，分為八姓，「彭姓彭祖、豕韋、諸稽，則商滅之矣」，《史記·楚世家》彭祖，《集解》引虞翻曰：「名翦，為彭姓，封於大彭。」《索隱》引《系本》云：「三曰籛鏗，是為彭祖。彭祖者，彭城是。」《正義》引《括地志》云：「彭城，古彭祖國也。外傳云殷末滅彭祖國也。虞翻雲名翦。神仙傳云彭祖諱鏗，帝顓頊之玄孫。」諸稽氏與彭祖同出，相傳出於彭城（今徐州），原來靠近徐國，所以徐國有此姓。徐國被吳國滅亡，此姓又南遷到越國。上古音稽是見母脂部，王力擬為 kyei，所以諸稽的合音是 tçya-kyei，急讀則近浙江的浙，所以浙江很可能得名於諸稽氏。

二、錢塘即漸塘

關於錢塘之名，陳志堅先生總結前人有四種說法：

[註17] 王力主編《王力古漢語字典》，北京：中華書局，2000 年。王力：《漢語語音史》，中國社會科學出版社，1985 年。唐作藩：《上古音手冊》，江蘇人民出版社，1982 年。

[註18] 李學勤：《從新出青銅器看長江中下游文化的發展》，《文物》1980 年第 8 期。

　　1. 來自越語，陳橋驛認為錢塘、餘杭都是越語，陳志堅認為沒有確證，類似地名不多。

　　2. 來自錢水，《水經注·漸江水》：「闞駰云：山出錢水，東入海。」陳橋驛認為錢水是錢塘江，但是錢塘江之名來自錢塘，陳志堅認為此說合理。王莽把錢塘改名為泉亭，鍾毓龍認為泉水是靈隱的山泉，即錢水。

　　3. 來自海塘，《水經注·漸江水》：「《錢唐記》曰：防海大塘在縣東一里許，郡議曹華信家議立此塘，以防海水。始開募，有能致一斛土石者，即與錢一千。旬日之間，來者雲集，塘未成而不復取。於是載土石者皆棄而去，塘以之成，故改名錢塘焉。」《元和郡縣圖志》卷二十五杭州錢塘縣：「《錢塘記》云，昔州境逼近海，縣理靈隱山下，今餘址猶存。郡議曹華信乃立塘，以防海水，募有能致土石者，即與錢。及塘成，縣境蒙利，乃遷理於此，於是改為錢塘。按華信漢時為郡議曹，據《史記》，始皇至錢塘，臨浙江，秦時已有此名，疑所說為謬。隋平陳以後，縣頻遷置，貞觀四年定於今所。」雇人當然要給錢，不可能因為給錢就叫錢塘，此說真是愚笨文人的胡編亂造，所以李吉甫已經發現此說之誤，秦代就有錢塘之名。

　　4. 《海塘錄》卷二十二引《淳祐臨安志》：「唐者，途也，所以取途達浙江者，其地有籛鏗居之，籛，古錢字，因以為名。」

　　錢塘的本義，陳志堅未有定論。〔註19〕林華東先生提出錢塘源自泉塘，古代杭州泉水很多，泉水匯入西湖，形成池塘，於是得名錢塘。〔註20〕我認為林說大謬，因為中國南方所謂的塘不是池塘，而是堤壩。林著上文也引《說文》說：「塘，堤也。」又說到《越絕書》記載越國水利工程有富中大唐、吳唐、石唐，林說不僅自相矛盾，而且釋錢為泉也不能成立，因為西湖之東就是海岸，海岸上不可能有泉水。即便是有泉，也不可能叫泉塘。因為塘不可能建在泉上，也不可能為了遮擋泉水而修塘。如果是山泉匯入西湖，早已不是山泉，不能再稱為泉塘。林文又引《淳祐臨安志》卷十說西湖之中有泉眼，但是即使西湖之中有泉眼，西湖也不可能改名為西泉，西湖仍然是湖，所以不可能因為西湖之中有泉而稱為泉塘。錢、泉音近，王莽改名，或取音近，本無道理，不足為據。

　　我認為錢塘來自錢水之塘，錢水就是浙江，也即漸江，《漢書·地理志上》

〔註19〕陳志堅：《杭州初史論稿》，杭州出版社，2010年，第146～150頁。
〔註20〕林華東、林盈盈：《秦漢以前古杭州》，杭州出版社，2011年，第7～9頁。

丹陽郡說：「黟，漸江水出南蠻夷中，東入海。」黟縣即今安徽省黟縣，源出這裡的漸江入海，當然就是浙江。既然浙江叫漸江，我們就不難想到錢塘的意思其實就是漸江的塘，因為上古音漸是精母談部，王力擬為 tsiam，而錢是精母元部，王力擬為 tsian，讀音極近，所以錢塘就是漸江的塘壩。原來浙江入海之地就在現在的杭州市區，所以錢塘一定在杭州市區偏西位置，很可能在杭州市寶石山向北到半山鎮的丘陵之間，其西是錢塘縣。

　　錢塘不是西湖的塘，而是海塘。陳志堅先生指出《世說新語》卷三《雅量六》注引《錢塘縣記》說：「縣近海，為潮漂沒，縣諸豪姓，斂錢雇人，輂土為塘，因以為名也。」《太平御覽》卷七十四：「劉道真《錢塘記》曰：防海大塘在縣東，去邑一里，往時郡議曹華家信富，乃議立此塘以防海水，始開，募有能運土石一斛，即與錢一升。旬日之間，來者雲集，塘未成而謠不復取，於是載土石者棄置而去，塘以之成，既遏絕潮源，一境蒙利也。」此處引文說華信家富，與《世說新語》所謂豪姓吻合，陳志堅認為東漢的海岸已經不少人，所以才需要修築海塘，海塘築好，又使得縣治東遷。〔註21〕

　　但是錢塘是根據漸江得名，還是漸江是根據錢塘得名的呢？我認為漸江是根據錢塘得名的，先有錢塘，後有漸江。錢塘是來自錢姓，中國的錢姓基本都在江浙地區。〔註22〕錢姓始祖據說就是錢鏗，其後代就是諸稽氏。

三、武林即麻欄

　　眾所周知，杭州別名武林，今天還有武林門等地名。宋末元初的杭州人周密有名著《武林舊事》，武林就是杭州代稱。《漢書·地理志上》會稽郡：「錢唐，西部都尉治。武林山，武林水所出，東入海，行八百三十里。」杭州沒有八百三十里的大河，或是今從餘杭到杭州的餘杭塘河，南苕溪應該向東流，而不應向北注入東苕溪，現代的流路是經後來改造。

　　其實武林是個百越地名通名，江西也有武林，《史記·東越列傳》：「元鼎六年秋，餘善聞樓船請誅之，漢兵臨境，且往，乃遂反，發兵距漢道。號將軍騶力等為吞漢將軍，入白沙、武林、梅嶺，殺漢三校尉。」《集解》引徐廣曰：「在豫章界」。《索隱》：「徐廣云在豫章界。案：今豫章北二百里，接鄱陽界，地名白沙，有小水入湖，名曰白沙阬。東南八十里有武陽亭，亭

〔註21〕林華東、林盈盈：《秦漢以前古杭州》，杭第 174～176 頁。
〔註22〕袁義達主編：《中國姓氏·三百大姓》中冊，華東師範大學出版社，2007 年，第 51 頁、彩圖 96。

東南三十里地名武林。此白沙、武林，今當閩越入京道。」南昌縣或白沙阬的東南有武林，武陽亭另見《漢書》卷二八《地理志上》豫章郡：「鄱陽，武陽鄉右十餘里有黃金採。鄱水西入湖漢。」因為武林是越語通名，所以江西也有。

廣西也有武林，《宋書‧州郡志四》廣州永平郡有武林縣，在今平南縣。說明從浙江，經過江西，到廣西，越語相通，證明百越一名合理。

武林的語源是越語，和武力、山林無關。上古音的武是明母魚部，王力擬為 mia，鄭張尚芳擬為 maʔ。〔註23〕上古音林是來母侵部，王力擬為 liəm，揚雄《方言》卷十一：「蠅，東齊謂之羊。」郭璞注：「此亦語轉耳，今江東人呼羊聲如蠅。」〔註24〕江東人把 ang 讀為 əng，所以武林的林可能讀為 liam。今天閩南話林有 lim 和 na 兩種讀音。今天粵語把林讀為 lam。《太平御覽》卷七八七引康泰《扶南土俗》說：「扶南之西南有林陽國。」陳序經指出，林陽國即緬甸的 Rammanya，是猛（Mon）人建立的古國，猛族或被稱為 Rman、Rmen，林讀為 Lam 或 Lim。〔註25〕我認為此說可信，這就說明古人確實用林去譯 ram，也可譯 lam。

武林的語源很可能是越人的房屋麻欄，上古音，麻是明母歌部，王力先生擬為 meai，欄是來母元部，王力先生擬為 lan，所以武林和麻欄的讀音很近。

戴裔煊指出干欄又名干蘭、干闌、閣闌、高欄，或者叫麻欄、水欄、欄房、馬郎房、羅漢樓。南宋范成大《桂海虞衡志》：「民居苫茅，為兩重棚，謂之麻闌。」周去非《嶺外代答》卷十《蠻俗》：「編竹苫茅，為兩重，上以自處，下居雞豚，謂之麻欄。」屈大均《廣東新語》卷七《畬人》：「越東多傜而無獞，獞惟粵西多有之，自荔浦至平南，獞與民雜居不可辨，大抵屋居者民，欄居者獞。欄架木為之，上以棲人，下以棲群畜，名欄房，亦曰高欄，曰麻欄子。」〔註26〕

麻蘭在唐代就有記載，柳宗元《寄韋珩》詩云：「初拜柳州出東郊，道旁相送皆賢豪……桂州西南又千里，漓水斗石麻蘭高。」此處麻蘭在桂林郊外，

〔註23〕鄭張尚芳：《上古音系》，上海教育出版社，2003 年，第 493 頁。

〔註24〕〔漢〕揚雄著、周祖謨校箋：《方言校箋》，第 70 頁。

〔註25〕陳序經：《猛族諸國初考》，余定邦、牛軍凱編：《陳序經文集》，中山大學出版社，2004 年，第 268 頁。

〔註26〕戴裔煊：《干蘭──西南中國原始住宅的研究》，蔡鴻生編《戴裔煊文集》，中山大學出版社，2004 年，第 9～10 頁。

無疑是越人房屋。

百越民族的地名通名武林，很可能就是麻欄。現在香港西貢南面還有一個半島，有地名麻籃笏（Ma Lam Wat），香港原住民也是越人。廣西欽州南部海灣有麻藍頭島，也是同源地名。

元代安南人黎崱《安南志略》說：「武林洞，昔安南陳四世國主陳仁王，棄位隱其中，以成倒，號曰竹林道士，有《香海詩集》印行於世。」[註27] 此武林不知和越語武林是否有關，越南語屬於南亞語系，不屬中國南方百越的侗臺語系，但是越南也有一些百越系的民族。

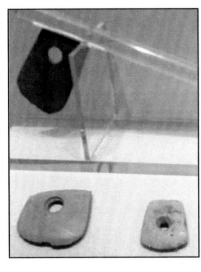

浙江博物館藏嘉興馬家浜遺址出土石鉞

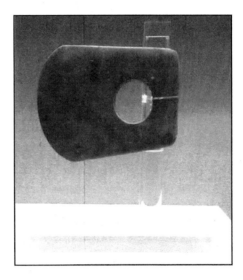

紹興博物館藏石鉞

從武林地名跨越浙北、贛北與廣西來看，浙江北部的越人接近壯族。還有其他語言學證據，比如杭州的杭，原來是津渡，郭璞注《方言》：「揚州呼度津船為杭。」其實杭的本義是渡口，對應壯語的 haam，傣語是 xaam，而侗水語支、仡央語支、黎語支都不接近，侗語的渡口是 tu，水語是 ta，布央語是 qhaam，仡佬語是 sa，黎語是 than。

再如漢字的南，原來是侗臺民族的干欄建築的象形字，上古音是 nam，接近壯語，西林壯語是 laan，而不接近侗水語支、黎語支、仡央語支，侗語是 jaan，貴州平壩仡佬語是 ko。古代中原人最早接觸的越人是長江中下游的

〔註27〕〔越〕黎崱：《安南志略》，北京：中華書局，2000 年，第 24 頁。

越人，南字的讀音應是來自長江中下游的越人，說明這一帶越語接近壯語。

仡央語支民族很早就北遷到貴州高原，適應高地生活，所以即使東遷，也在地貌類似的浙南山地。壯侗族群居住在熱帶平原，所以北遷，也在贛北、浙北與江漢平原。《漢書·地理志下》顏師古注引臣瓚曰：「自交趾至會稽七八千里，百越雜處，各有種姓。」從交趾到會稽，不僅有同屬百越的民族，而且有同屬臺語支的民族。雖然距離遙遠，但是文化接近。在漢代浙江越人尚未完全漢化時，漢代人很容易發現浙江越人的文化與嶺南越人的文化接近。古人不會亂說，現在南嶺以北甚至廣東的越人已經完全漢化，所以我們難以想到壯族的先民一直分布在江蘇、浙江一帶。

後人往往誤以為浙北的越人是于越，其實是干越之誤，干即侗族的自稱kam。上古書籍多稱干越，荀子、莊子皆稱干越，漢代以降的書籍稱為于越。《竹書紀年》寫作於越，但是《竹書紀年》是晉人整理，或許有誤。

四、盱眙源自壯語好稻

古代越人不僅分布到江蘇南部，甚至到江蘇北部與山東的東南部，留下了不少地名，這些地名現在基本消失，但是也有孑遺，江蘇盱眙縣就是一個典型的越語地名。盱眙讀作 xu yi，是很生僻的漢字。

1993 年版的《盱眙縣志》附錄《盱眙縣名考》，先列出歷代《盱眙縣志》中對盱眙地名由來的解釋，萬曆《帝里盱眙縣志》：「盱眙，山名也。蓋秦命縣之始。按《說文》張目為盱，舉目為眙，名山之義本於此乎？後人云郡在山上，可以眺遠，因是以得名云。」康熙、乾隆、同治諸志大體相同，光緒《盱眙縣志稿》：「《盱眙圖經》引許慎曰，張目為盱，舉目為眙，因城在山上，可以眺遠。顧氏祖禹、顧氏棟高並承其說。」又引俞正燮《書盱眙縣志後》：「盱眙字義為張目直視。盱眙乃單字還音，謂義取登山直望者非也。盱眙乃古善道，《春秋》魯襄公五年會吳於善道，《穀梁傳》注云：善道，吳謂之伊緩。今按，吳言自有本義的音。盱眙地自言善為宜，稻為禾，然則吳名宜禾，中土聞之伊緩，又譯之為善稻，又還音為善道，而伊緩為緩伊，緩伊又為盱眙。」新修縣志認認同張目為盱、舉目為眙說，否定俞正燮之說。

西漢揚雄《方言》卷二：「瞴、䁽、盱、揚、睇，雙也。……燕、代、朝鮮、洌水之間曰盱，或謂之揚。」〔註28〕盱作為看的意思，並非江淮方言，

〔註28〕〔漢〕揚雄著、周祖謨校箋：《方言校箋》，第 11 頁。

而是東北方言。

俞正燮的說法很精闢，不過敘述不當，又不懂現代語言學，缺乏旁證，使一般人不敢信。今按《春秋》襄公五年：「仲孫蔑、衛孫林父會吳於善道。」《左傳》仍為善道，《穀梁傳》說：「吳謂善伊，謂稻緩。號從中國，名從主人。」

揚雄《方言》卷二：「娃，嫷，窕，豔，美也。吳、楚、衡、湘之間曰娃……吳有館娃之宮。」上古音娃為影母支部，伊為影母脂部，支脂通轉，讀音接近，所以《谷梁傳》表示好的伊就是《方言》的娃。

壯侗語族稻字的最初語音為 khau，分化為 k 系、h 系，h 系的有武鳴壯族 hau、德宏傣族 xau、西疇壯族 au、天峨壯族 au。《說文》：「禾，嘉穀也。」又：「秏，稻屬。從禾，毛聲。伊尹曰：『飯之美者，玄山之禾，南海之秏。』」禾、秏都是 h 系，[註29] 對應漢語的禾、秏，侗水語支、仡央語支、黎語支的稻米讀音不接近漢語的禾、秏，《穀梁傳》的緩也是臺語支。

侗臺語系的定語置後，所以善稻被越人稱為稻善，也即緩伊。《穀梁傳》沒有伊緩，俞正燮說《穀梁傳》稱善道為伊緩不正確，應是緩伊（盱眙），上古音盱為曉母魚部 xiua，緩為匣母元部 ɣuan，讀音接近。《春秋》哀公四年的公孫霍在《左傳》中是公孫盱，杜預注：「盱，即霍也。」

盱眙縣在淮河岸邊，古代出產很好的稻米，再向西北就是中原，所以此處生產的好稻米行銷中原，才有盱眙之名。古代氣候遠比今日濕熱，淮河非常寬闊，適合越人居住。

第五節　句踐遷都琅邪實為若耶

句踐遷都琅邪，《史記》與上古之書都未記載，東漢才寫成的《漢書·地理志》、《越絕書》和《吳越春秋》說句踐遷都琅邪，琅邪在今山東膠南市琅玡鎮。東漢《越絕書》卷二《記吳地傳》：「越王句踐徙琅琊，凡二百四十年。楚考烈王並越於琅玡。」同書卷八《記地傳》：「夫鐔子允常，允常子句踐，大霸稱王，徙琅琊都也。句踐子與夷，時霸。與夷子子翁，時霸。不揚子無彊，時霸，伐楚，威王滅無彊。無彊子之侯，自立為君長。子侯子尊，時君長。尊子親，失眾，楚伐之，走南山。親以上至句踐，凡八君，都琅琊

[註29] 周振鶴、游汝傑：《方言與中國文化》，第 108 頁。

二百二十四歲。」〔註30〕《吳越春秋》卷十《句踐伐吳外傳》：「越王既已誅忠臣，霸於關東，從琅琊起觀臺，周七里以望東海，死士八千人，戈船三百艘……親眾皆失，而去琅琊，徙於吳矣」《漢書·地理志》琅琊郡琅琊縣：「越王句踐嘗治此，起館臺。」〔註31〕《水經注·濰水》：「琅琊，山名也。句踐之故國也。句踐並吳，欲霸中國，徙都琅琊。秦始皇二十六年滅齊，以為郡。城即秦始皇之所築也。」〔註32〕

兩千年來不少學者接受這一晚出說法，在今紹興的越國遷都到千里之外的山東海濱，很不合情理，無疑讓人難以接受。我認為，句踐遷都琅邪是遷都若耶的誤傳，琅邪和若耶讀音接近。

錢穆《越徙琅邪考》認為越遷之琅邪有三說：一是唐代李泰《括地志》諸城縣東南百七十里琅琊臺，二是顧棟高《春秋大事記》琅邪近日照說，三是錢穆自己提出得江蘇贛榆縣說，酈道元《水經注·淮水》說贛榆縣東海中有秦始皇碑，錢穆說就是嬴政在琅邪所立碑，錢穆籠統說琅邪在日照、贛榆海濱。〔註33〕錢穆不擅長地理考證，唐代尚未有日照、膠南二縣，日照縣是金大定二十四年（1184年）設，膠南是1945年從膠縣（今膠州）析出，膠縣是北宋元祐三年（1088年）從高密、諸城二縣析出，所以此前琅邪屬諸城縣，唐代及北宋初的地志都說是在諸城縣，《括地志》說：「琅邪山在密州諸城縣東南百四十里。」唐代李吉甫《元和郡縣圖志》、北宋樂史《太平寰宇記》記載位置相同，〔註34〕所以不存在日照說，贛榆秦碑至今未發現，酈道元轉錄前人記載，無法確證是嬴政所立。錢穆所謂三說，實際是一說。嬴政立碑之處很多，不能斷定，贛榆與膠南距離很遠。

蒙文通認為句踐二十四年徙都琅琊，歷二百二十四年，未作細考。〔註35〕譚其驤主編《中國歷史地圖集》第一冊為楊寬、錢林書主持，楊寬將句踐所

〔註30〕〔東漢〕吳平、袁康輯錄、俞紀東譯注：《越絕書全譯》，貴州人民出版社，1996年。

〔註31〕〔後漢〕班固撰：《漢書·地理志上》，北京：中華書局，1962年，第1586頁。

〔註32〕〔北魏〕酈道元注、楊守敬、熊會貞疏、段熙仲點校，陳橋驛復校：《水經注疏》，江蘇古籍出版社，1989年，第2263～2264頁。

〔註33〕錢穆：《越徙琅邪考》，錢穆：《先秦諸子繫年》，北京：商務印書館，2001年。

〔註34〕〔唐〕李泰等著、賀次君輯校：《括地志輯校》，北京：中華書局，1980年，第137頁。〔唐〕李吉甫撰、賀次君點校：《元和郡縣圖志》，第298頁。〔宋〕樂史撰、王文楚點校：《太平寰宇記》，第494頁。

〔註35〕蒙文通：《越史叢考》，人民出版社，1983年，第38頁。

遷琅邪定在今膠南琅邪，錢林書論證越國遷都琅邪。〔註 36〕馮仁普根據今膠南琅邪山西北的夏河城出土兵器有越式兵器特徵，推斷夏河城即句踐所遷都城。〔註 37〕有人認為句踐所遷的琅邪即今連雲港九龍口古城，證據是《後漢書》卷一上《光武帝紀》張步起琅邪一句，唐代李賢注：「郡名，有琅邪山，故城在今海州朐山縣東北。」〔註 38〕其實這是誤解，南朝琅邪郡僑置在鬱州島（今連雲港雲台山）。

古人對句踐遷都山東琅邪已經提出很多質疑，《太平寰宇記》卷二四密州諸城縣引《郡國縣道記》說：「句踐本理會稽，蓋因會諸侯於河，權於此觀望，經旬時，不應都此。《吳越春秋》所說近於誕謬。」〔註 39〕明代胡應麟說：「（《今本竹書紀年》）貞定王元年癸酉，於越徙都琅邪。按《吳越春秋》文頗與此合，然非齊之琅邪，或吳越間地名有偶同者。」〔註 40〕王國維早已指出，《今本竹書紀年》是後人偽造，顯然不能作為證據。胡應麟提出句踐所遷的琅邪應該是吳越同名之地，極為精闢。今天也有學者認為句踐所遷琅玡源自會稽的怪山，即今紹興城南的塔山，又名龜山。〔註 41〕此說有合理成分，但是未引起學界注意。

一、句踐不可能遷都琅邪

我認為句踐所遷琅邪不可能是山東琅邪，有以下四大鐵證：

第一、《越絕書》自相矛盾。既然楚威王在無彊時已經滅越，越國怎麼可能直到無彊的曾孫時還在琅邪呢？這是越都琅邪不可信的第一個證據。根據楊寬研究，楚威王大敗越國，越國疆域退到錢塘江以南，向楚國稱臣，越國顯然不可能在此後還建都琅邪。

第二、句踐放棄江淮。《史記·越世家》說：「句踐已平吳……以淮上地與楚，歸吳所侵宋地於宋，與魯泗東方百里。當是時，越兵橫行於江、淮東，諸侯畢賀，號稱霸王。」〔註 42〕《楚世家》說：「（楚惠王四十四年）是時，

〔註 36〕錢林書：《越國遷都琅邪析》，《歷史地理研究》第一輯，復旦大學出版社，1986年。
〔註 37〕馮普仁：《吳越文化》，文物出版社，2007 年，第 58～59 頁。
〔註 38〕馬雪芹：《古越國興衰變遷研究》，齊魯書社，2008 年，第 217～225 頁。
〔註 39〕〔宋〕樂史撰、王文楚點校：《太平寰宇記》，第 495～496 頁。
〔註 40〕〔明〕胡應麟：《少室山房筆叢》，上海書店出版社，2001 年，第 327 頁。
〔註 41〕劉金榮：《越都琅邪辨》，《紹興文理學院學報》2006 年第 5 期。
〔註 42〕〔漢〕司馬遷：《史記》，北京：中華書局，1959 年，第 1746 頁。

越已滅吳而不能正江、淮北。楚東侵,廣地至泗上。」

越國退出的土地原屬吳國,為越國接收,具體退出的地名見《越絕書》卷十四《德序外傳記》:「(句踐)於是度兵徐州,致貢周室,元王以之中興,號為州伯,以為專句踐之功,非王室之力。是時越行伯道,沛歸於宋,浮陵以付楚,臨沂、開陽復之於魯。中邦侵伐,因斯衰止。以其誠行於內,威發於外,越專其功,故曰越絕是也。」沛在今沛縣,對應《史記》所說吳所侵宋地。開陽在今臨沂之北,即漢代開陽縣。《荀子·強國》荀卿子說齊相說:「楚人則乃有襄賁、開陽以臨吾左。」越國把沂水下游送給魯國,對應《史記》所說給魯國泗水之東的百里地。浮陵難考,應在淮河中游或泗水下游,靠近沂水與沛,對應《史記》所說楚國廣地至泗上。

楚國得到江淮以北地泗水流域,還有一個佐證,就是《楚世家》記載楚簡王元年(前431)北伐滅莒,楚國能滅莒,肯定已經得到淮北泗上之地。這說明越國已經退到江淮以南,顯然無法經陸路到琅邪。

第三、琅邪屬齊。《史記》的《太公世家》和《田齊世家》記載齊平公時「田常於是盡誅鮑、晏、監止及公族之強者,而割齊自安平以東至琅邪,自為封邑。」平公八年,即越滅吳之年,則琅邪屬齊無疑。

第四、琅邪從未屬吳。越國雖然在西元前473年滅吳,但是吳國從來沒有佔領過琅邪,越國連吳國故地都沒有恢復,怎麼可能據有吳國從來沒有佔領的琅邪呢?退一萬步說,即使越國佔領今山東南部,琅邪也不可能成為越國都城,遷都不是小事,要把越國的很多人口都遷到千里之外的琅邪是一件不可能辦成的事情,證據有三:

首先,交通無法溝通,邗溝通到沂河和沭河,到琅邪還有重山。海路也有很大危險,海船的承載力也很有限。

其次,都城建築無法在短期內完成,越人早有都城,又有自己的生活習慣,還要適應北方不同的氣候和地理環境,很難解決。

第三,山東琅邪過於離開本土,距離敵國太近,古今中外沒有哪一個國家會這樣遷都。

據《左傳》及《史記》,魯哀公二十七年(前468),魯國發生三桓之亂,八月哀公出奔,經有陘氏、衛、鄒而如越,旋為國人迎歸而卒於有陘氏,前後歷四五月。前揭蒙文通一文,舉《左傳》魯哀公七年吳國攻邾,邾子益曰:「吳二千里,不三月不至,何及於我?」因而認為:「邾、吳之間,較魯、越

之間為猶近，已是不三月不至。而哀公之輾轉如越，又自越返魯，前後不過四五月，亦證哀公之所往者，是琅邪之越而非會稽之越也」。但是蒙先生沒有告訴讀者，《左傳》下文說，邾子益錯估了吳國的進軍速度，吳國軍隊到達邾國郭門時，邾國仍歌舞升平，未設防禦。實際上從魯國到越國不需太長時間，史書未說明魯哀公到了越國境內具體地址，很有可能就在江淮一帶，所以這一條不能證明越國疆域到達今山東境內。

　　前引錢林書之文認為，春秋末年齊國佔領琅邪，句踐繼承吳地，所以遷都琅邪。但是琅邪不屬吳，所以此說法不能成立。錢文又說越國遷都琅邪為了北上爭霸，徵收貢賦。但是爭霸和徵賦為何一定要遷到越國北疆呢？在江淮、淮北建都不是都可以兼顧越國南北嗎？可見此說不能成立。

　　辛德勇也認為句踐遷都山東琅邪，他的文章強調越人的航海能力，〔註43〕但是這不合邏輯，越人有能力航海到琅邪，絲毫不能說明越國就會遷都琅邪。今天美國的海軍實力很強，難道就能證明美國會把首都遷到夏威夷或者關島嗎？都城不能遠離國土的核心，何況琅邪從來就不屬越國。

二、句踐之後也不可能遷都琅邪

　　今按《古本竹書紀年》：「於越子朱句三十四年，滅滕。……晉烈公四年，越子朱句滅於滅郯，以郯子鴣歸。」〔註44〕《戰國策·魏策四》：「繒恃齊以撼越，齊和子亂，而越人亡繒。」楊寬考訂越滅滕（在今山東省滕州市）、滅郯（在今山東省郯城縣）、滅繒（在今山東省蒼山縣）分別在西元前414、413、405年。〔註45〕對照《越世家》可知王翁即朱勾，朱勾大舉北伐，對應《越絕書》所說的句踐之後幾個越王時霸的年代。《墨子·非攻中》：「東方有莒之國……是以東者越人夾削其壤地，西者齊人兼而有之。」這是莒國在被楚滅後復國，因為越國重新北上，所以楚國自然退出，但越國沒有得到莒國全部，而是和齊國瓜分。所以越國重新北上，仍然面對著齊國威脅。僅得到莒國一半，越國不可能把遷都琅邪。越國滅莒在滅滕、郯、鄫三國之後，有學者認為句踐遷都琅邪後，以琅邪為基地滅上述四個小國，顯然不對。

　　《越絕書》越王世系在中間有缺漏，《竹書紀年》朱句之後是翳，「翳三十三年，遷於吳。……三十六年七月，太子諸咎殺其君翳，十月，越殺諸咎、

〔註43〕辛德勇：《越王句踐徙都琅邪事析義》，《文史》2010年第1期。
〔註44〕方詩銘：《古本竹書紀年輯證》，上海古籍出版社，2005年。
〔註45〕楊寬：《戰國史料編年輯證》，上海人民出版社，2001年。

越滑,吳人立孚錯枝為君。明年,大夫寺區定越亂,立初無餘。」這裡明確說越國遷都吳地,在越國內亂時,越人自相殘殺,吳人重新崛起,越國沒有能力顧及北方新得之地,所以此時莒、滕、郯、繒等地被齊國佔領。

《越世家》楚威王時,越欲北伐齊,越王無彊對齊國使者說「願齊之試兵南陽莒地,以聚常、郯之境」。可見齊國得到郯,那麼其北面的莒、滕、繒無疑也被齊國控制。越國內亂平息,沒有能力再和齊國爭奪。越國不久被楚國打敗,《越世家》:「楚威王興兵而伐之,大敗越,殺王無彊,盡取故吳地至浙江,北破齊於徐州。而越以此散,諸族子爭立,或為王,或為君,濱於江南海上,服朝於楚。」所謂江南指浙江(今錢塘江)以南,此時越國名存實亡,已經沒有統一的越王。到楚懷王時,楚國才正式佔領浙江以南的越土。〔註46〕既然越國已經退到浙江以南,那麼就更不可能遷都琅邪了。

曹錦炎考釋了江西省臨江縣出土的三件能原鎛殘器銘文,認為銘文記錄的是越國主持解決郯、莒二國土地爭端,並且趁機擴土建城。〔註47〕但是此器銘文並非全文,而且拓本上的許多字無法辨清,第三件鎛的銘文是:「夷□,莒大土,越立建□□城郯(?),曰唯余□。」由於中間缺字,銘文原義不能確知,也有學者釋郯為葉,〔註48〕所以現在學者尚無定論。〔註49〕但是從城郯二字在此句最後來看,即使此城為越國所建,也在郯國境內。很可能就是指郯國都城(今山東省鄒城市),因為郯國很小,沒有很多城邑,敵國一攻就到了都城,而且都城簡稱為國名也是正常的。上古由外國幫助築城的事情經常發生,《左傳》記載很多,所以越國幫助郯國築城並不能證明越國的國土擴大到今山東境內。其實從越國主持郯、莒二國分界就可以推測越國沒有遷都山東琅邪,不然越國自己國都附近都沒有廣袤國土,還有什麼多餘的土地分給郯、莒等小國?

三、越國故都在諸暨東北與紹興西南一帶

越國都城原來在會稽山南,《越絕書·記地傳》:「無餘初封大越,都秦餘望南,千有餘歲而至句踐。句踐徙治山北,引屬東海。」秦餘望即秦望山,

〔註46〕楊寬:《楚懷王滅越設郡江東考》、《關於越國滅亡年代的再探討》,《楊寬古史論文選集》,上海人民出版社,2003年。

〔註47〕曹錦炎:《再論「能原」鎛》,《吳越歷史與考古論叢》,文物出版社,2007年。

〔註48〕王輝:《能原鎛臆解》,《故宮博物院院刊》1999年第4期。

〔註49〕董珊:《吳越題銘研究》,科學出版社,2014年,第86-87頁。

即會稽山，《水經·浙江水注》引《會稽記》：「（會稽）山南有嶕峴，峴裏有大城，越王無餘之舊都也。」越人原來在會稽山南部，因為原來的紹興平原，鹹潮滌蕩，不宜農耕。而會稽山南有豐富的生物與礦產資源，山間盆地和河谷地有平坦的土地可以進行刀耕火種。

古人記載越國故都在今諸暨北部，《水經注》卷四十《漸江水》：「又有秦望山，在州城正南，為眾峰之傑，涉境便見……山南有嶕峴，峴裏有大城，越王無餘之舊都也。故《吳越春秋》云：句踐語范蠡曰：先君無餘，國在南山之陽，社稷宗廟在湖之南……允常卒，句踐稱王，都於會稽。《吳越春秋》所謂越王都埤中，在諸暨北界。」《太平寰宇記》卷九六越州諸暨縣：「越王允常舊都。」

錢漢東論證越國故都在今諸暨東北部與紹興相連接的次塢、店口、阮市一帶，這一帶遺存豐富，遠古時期就是重要中心，次塢的樓家橋遺址有 6700 年前的稻穀，其北不遠是 8000 年前的蕭山跨湖橋遺址，南部的浦江縣有上萬年前的上山文化遺址，阮市鎮柁山塢有春秋戰國窯址，至今仍然窯場林立，天子山周邊出土春秋戰國時期帶榫卯結構的建築遺物。〔註50〕

從地形圖可以看出，紹興南部的會稽山向南延伸，全是山地，直到很遠的嵊州才有很小的盆地。而且因為會稽山向西南延伸，所以現在紹興正南有個稽東鎮，其實是在會稽山東南，而非正東。但是此地被誤以為是正東，說明越國故都所在的會稽山南，不是正南或東南，而在西南。而紹興西南的諸暨，不僅平原廣闊，緊鄰紹興，而且諸暨與紹興之間的山口非常低平，交通便利，所以越人故都應在諸暨東北部。所以句踐被吳人戰勝，還要退到諸暨境內，《越絕書·記地傳》：「浦陽者，句踐軍敗失眾，懣於此。去縣五十里。」句踐失敗，退到浦陽江流域，即今諸暨境內，因為此處是越國故地。

越國都城原在今諸暨東北部，從此處到紹興，必經漓渚鎮，而漓渚鎮有著名的漓渚鐵礦，鐵礦儲量占浙江省鐵礦儲量的七成多，是浙江最大的銅礦。漓渚鎮東南的花街、新橋、北部的謝塢也有鐵礦，都在漓渚附近。正是因為越國原來就在會稽山南，佔據了這個鐵礦，所以才迅速崛起為大國。紹興的銅礦儲量也占浙江省的七成，除了下文所說的平水銅礦，漓渚鎮東南的蘭亭鎮境內也有銅礦，紹興城南的會稽山區有馬園裏銅礦。蘭亭鎮灰灶頭有多金屬礦，紹興東部的富盛鎮有稀有金屬礦。浙江的山地比例與面積比江蘇多很

〔註50〕錢漢東：《越國古都諸暨考》，《文匯報》2010 年 7 月 27 日。

多，越國興起的紹興地區佔有的鐵、銅等重要的金屬礦產資源比吳國多很多，這可能是越國最終戰勝吳國的重要地理基礎。

四、琅邪是若耶之訛

我認為句踐所遷之琅邪，應為若耶之訛，就在今紹興城，因為在若耶溪邊，原來一片荒涼，沒有地名，所以最初沿用溪名，稱為若耶。上古南方人口稀疏，吳越境內的地名很少，唯有若耶和琅邪可以對應。上古音的琅為來母陽部 lang，若為日母鐸部 nak，來日鄰紐，陽鐸對轉，琅、若讀音非常接近。王力等語言學家指出，不僅上古無耶字，連東漢許慎《說文解字》也無耶字，後世的耶字由邪字訛變而來。〔註51〕

越國崛起初期，僅有這一個都城，不會產生誤解，所以未必有新名。此地原來也不叫山陰，直到秦代才有山陰之名，《越絕書‧記地傳》說嬴政三十七年巡視到此：「因徙天下有罪適吏民，置海南故大越處，以備東海外越，乃更名大越曰山陰。」可見原來就叫大越，上古的國名與都名時常合一，甚至經常把遷都的地名代指國名，如魏又稱梁，韓又稱鄭。

句踐把都城從會稽山南遷到了山北的紹興平原的若耶溪邊，若耶溪今名平水江。陳橋驛考證范蠡負責營建的句踐小城及後來擴建的大城位於若耶溪邊，〔註52〕《吳越春秋‧句踐歸國外傳》記載句踐七年（前490），句踐被吳王夫差釋放歸國，句踐和范蠡商量建都之計，范蠡說：「今大王欲國樹都，並敵國之境，不處平易之都，據四達之地，將焉立霸王之業？」句踐同意由范蠡在平原建都，下文還詳細記載了新都情形。

若耶溪上游有著名的平水銅礦，《越絕書》卷十一《記寶劍》：「造此劍之時，赤堇之山，破而出錫，若耶之溪，涸而出銅。」《太平寰宇記》越州會稽縣：「赤堇山，在縣南三十三里。」越國人利用若耶溪的平水銅礦，才造出最好的寶劍，可見若耶溪的地位重要。平水鎮的園裏墺、上楊灘還有鐵礦，平水鎮與平江鎮都有金礦。

因為秦漢時期的紹興沒有發生大戰與大災，所以直到《越絕書》寫作的兩漢之際，句踐建的城仍有遺存，《越絕書‧記地傳》：「句踐小城，山陰城也。周二里二百二十三步，陸門四，水門一。今倉庫是其宮臺處也……山陰

〔註51〕王力：《王力古漢語字典》，北京：中華書局，2000年，第715、980、1046頁。
〔註52〕車越喬、陳橋驛：《紹興歷史地理》，上海書店出版社，2001年，第95～96頁。

大城者，范蠡所築治也，今傳謂之蠡城。陸門三，水門三，決西北，亦有事。到始建國時，蠡城盡。」句踐所建宮臺遺址到東漢還在，大城是新莽始建國時（西元 9～13 年）才被毀壞，所以《越絕書》記載的句踐古城很可信。

　　句踐所徙琅玡即若耶溪邊，《越絕書‧記地傳》說：「初徙琅玡，使樓船卒二千八百人，代松柏以為桴。」《吳越春秋‧句踐伐吳外傳》說：「從琅玡起觀臺，周七里以望東海。」其實並不矛盾，因為山會平原原來就在海邊，而且河湖密布，遷都動用樓船也有可能。

　　句踐遷都到若耶溪邊，還把祖父移葬到此，《越絕書‧記地傳》說：「若耶大冢者，句踐所徙葬先君夫鐔冢也。」

　　句踐還要移葬自己的父親到新都若耶，《吳越春秋‧句踐伐吳外傳》說：「越王使人如木客山，取無常之喪，欲徙琅玡。三穿元常之墓，墓中生燻風，飛砂石以射人，人莫能入。句踐曰：吾前吾其不徙乎？遂置而去」。

　　句踐把都城從會稽山地遷到紹興平原，主要是因為越國崛起，開疆拓土，原來的居地太過狹窄，所以必須遷都到平原。春秋時期，氣溫變冷，海面下降，海岸北退，水位下降，所以紹興平原更宜居住。越國原來佔有會稽山地的礦產，在山中加快開發，砍伐森林，加劇泥沙流失，也促進了紹興平原的淤積與北部海岸擴展，使得紹興平原更宜農耕。

　　或許有人質疑句踐滅吳，國土大增，國都仍偏居浙江以南的若耶溪邊，何以控制浙江以北的大片國土？其實句踐曾有向北徙都打算，《越絕書‧記地傳》：「而滅吳，徙治姑胥臺。」姑胥臺即吳國故都，不過據《吳越春秋‧夫差內傳》記載，句踐攻入吳國，火燒吳國都城姑胥臺，此條記載不能確證。前引《古本竹書紀年》說：「翳三十三年，遷於吳。」可見句踐之後，越國為了控制浙江以北大片國土，一直謀求向北遷都。直到越王初無餘，最終得以實現。直到越國被楚國大敗後，越國的殘餘勢力才退到錢塘江以南。

　　綜上所述，句踐遷都琅邪，不見於東漢以前記載，也和古書記載不合，更不合情理，顯然不能成立。句踐從會稽山南遷都到若耶溪邊的今紹興城區，琅邪就是若耶的音訛。越國原在會稽南部山地，主要是指今紹興西南與諸暨東北交界處，此處有浙江最大鐵礦，若耶溪上游有浙江最大的銅礦，越國因為佔有重要的礦產才迅速崛起並戰勝吳國。越國從山地走向沿海平原，這是越國歷史上最重要的遷徙，所以史書特地記載句踐遷都若耶。

紹興發現的越王者稽于**賜**銅劍

上虞發現的越王不光銅劍

第六節　古代湖南的越人

　　古代湖南境內也有很多越人，前人已有論述，湖南沅水、澧水、湘水流域有很多懸棺藏，這是越人風俗，《輿地紀勝》漵浦縣：「岩中有棺木，望之長十丈。」資興有四十七座春秋墓葬出土了很多越人器物，有一件銅鼎的立耳鑄有蛇紋，有五件銅削，類似的器物多見於廣東、廣西和湖南等地。有兩件鏟形銅鉞，類似的銅鉞在南方多見。〔註53〕

　　前人指出，湘東、湘南多見幾何印文陶器，湘東、湘南多見越式銅鼎，湘東、湘南多見銅鉞，扇形鉞、靴形鉞上常有佩劍人像，《漢書·地理志》：「吳、粵之君皆好勇，故其民至今好用劍，輕死易發。」安徽宿縣（今宿州）出土了春秋中期的無鈕錞于，壽縣蔡侯墓與江西修水出土了春秋中晚期的環鈕錞于，廣東連平和江西南昌出土了戰國石橋的虎鈕錞于，湖南收集和出土

〔註53〕傅舉有：《關於湖南古代越族歷史的幾個問題》，《百越民族史論集》，第 133
　　　　～148 頁。

的 36 件錞于上多有魚、船紋飾，廣西柳州和四川萬縣（今重慶萬州）出土的錞于上也有魚、船紋飾。長沙出土的越王矛上有戉王二字，邵陽、益陽出土的矛上有空心雙線王字，這種王字矛分布在廣東、廣西、江西、江蘇等地，湖南還有越地文字風格的鳥蟲書王字銅戈。〔註54〕

前人主要是從考古學舉證，本文再列六點文獻證據：

第一、湘西南原有駱越。《逸周書》卷七《王會》記載四方民族到成周朝貢，其中南方部分說到：「禽人：菅。路人：大竹。長沙：鱉。其西魚復：鼓鍾，種牛。蠻揚：之翟。倉吾：翡翠，翡翠者，所以取羽。」

路人，即駱越，朱右曾已經指出，可惜他引劉朐之說，認為駱越在今廣西南寧。何秋濤又說閩越、東甌有駱氏，福建武平縣有露溪，陳漢章又引《史記·南越傳》西甌駱的《索隱》引《廣州記》，謂駱越在交趾。〔註55〕

他們都沒有注意到《王會》的上下文，既然禽人是黔人，夾在黔人和長沙之間的路人就在今天湖南的西南到廣西的東北部，因為《漢書·地理志上》零陵郡說：「都梁，侯國。路山，資水所出，東北至益陽入沅，過郡二，行千八百里。」資水的源頭是路山，即路人之山，即駱人之山，路、駱二字同音。下文的魚復在今重慶市奉節縣，蠻揚就是揚越，倉吾即蒼梧，都在湖南省境內或附近。資水源頭在廣西資源縣，靠近湖南。駱越的主體在越南，或許有一支北遷湖南，或許湖南的駱越與越南的駱越無關，不過是通名。

有趣的是，今天中國的駱姓最密集的分布區有三個地方，一是南嶺，二是貴州、湖南、重慶交界處，一是雲南的東南部，〔註56〕三者之間正是資源縣的路山，說明駱姓的主要源頭在路山。

漢代在今邵陽設夫夷縣，今天邵陽還有夫夷水，夫夷就是上文所說的布依、伏羲、武夷，源自越人。《宋史》卷四九四記載梅山蠻的首領是苞漢陽，《田紹斌傳》作扶漢陽，現在邵陽等地還有扶姓。

第二、古代沅溪縣（今會同縣到通道縣）是漢代鐔成縣地，〔註57〕《淮

〔註54〕傅舉有：《古越族在湖南活動的歷史和遺跡》，《百越民族史論叢》，第 183～198 頁。

〔註55〕黃懷信、張懋鎔、田旭東：《逸周書彙校集注》，上海古籍出版社，2007 年，第 893～894 頁。

〔註56〕袁義達主編：《中國姓氏·三百大姓》中冊，華東師範大學出版社，2007 年，彩圖 130。

〔註57〕〔宋〕樂史：《太平寰宇記》卷一百二十二沅州。

南子‧人間》說嬴政南攻百越之前：「乃使尉屠睢發卒五十萬，為五軍，一軍塞鐔城之嶺，一軍守九疑之塞，一軍處番禺之都，一軍守南野之界，一軍結餘干之水。」秦漢的鐔城縣，在潭水（今柳江）上游，因為潭水得名。今廣西壯族多覃姓，而湖南多譚姓，多是越人之後。中國現代談姓主要分布在廣西、江蘇、上海、湖南，〔註58〕上海與江蘇的談姓主要源自上古郯國（在今山東郯城縣），湖南、廣西的談姓主要源自湖南、廣西的譚姓、覃姓。

第三、前人多注意到廣西境內的烏滸人，其實湘西南也有烏滸人，《太平寰宇記》卷一百二十二沅州引盛弘之《荊州記》說：「舞陽有詹辰、新豐二縣，烏滸萬餘家，噉蛇鼠之肉，能鼻飲。」此地在今懷化市。

第四、湘東南原來有俚人，《漢書‧地理志上》桂陽郡說：「郴，耒山，耒水所出，西至湘南入湘。項羽所立義帝都此。」此郡又有耒陽縣，即今耒陽縣，耒陽在戰國時期的楚國已有，包山楚簡有酆昜君，湯餘惠、徐少華先生指出即耒陽的封君。〔註59〕耒陽縣因為在耒水之陽得名，耒水在戰國時代也出現了，鄂君啟節銘文說：「內灃，就郴。」即進入耒水，到達郴州（今郴州市）。

耒山、耒水因為耒人得名，耒人就是俚人，屬於古代的壯傣族群，上古音俚是來母之部，耒是來母微部，讀音很近。而且這是根據北方話的擬音，說不定在當時的南方就是同音。今天粵語中，耒、黎、裏都是同音：lai。

北江上游原來也是越人居地，《陳書》卷九《歐陽頠傳》：「（蘭）欽為衡州，仍除清遠太守。欽南征夷獠，擒陳文徹，所獲不可勝計，獻大銅鼓，累代所無。」今韶關一帶，原來是越人居地，所以有大銅鼓。

現在株洲市東南有同古村，邵東縣、常寧市也有銅鼓村，東安縣西南有銅鼓嶺，祁東縣有響鼓嶺。

第五、衡山原名岣嶁，《太平寰宇記》卷一百一十四潭州湘潭縣（今湖南湘潭）說：「衡山，一名岣嶁山。」又說：「岣嶁峰，有響石，如人共語，而不可解，但唱岣嶁，猶言拘留也。」所謂根據響石的聲音類似岣嶁得名，

〔註58〕袁義達主編：《中國姓氏‧三百大姓》中冊，華東師範大學出版社，2007年，第83頁。

〔註59〕湯餘惠：《包山楚簡讀後記》，《考古與文物》1993年第2期。徐少華：《包山楚簡釋地六則》，《簡帛研究2001》上冊，廣西師範大學出版社，2001年。收入徐少華：《荊楚歷史地理與考古新探》，北京：商務印書館，2010年，第265～267頁。

當然是後人附會。應是源自仡央族群的泛稱仡佬、鳩獠、葛獠。西漢交趾郡有苟漏縣，在今河內西北。宋代賓州（今廣西賓陽縣）西南有古漏山，都是同源地名。

第六、《陳書》卷二十《華皎傳》說他任湘州刺史，征伐川洞，獲得很多銅鼓和生口。湘州是今湖南省東南部，說明有越人。

第七、宋代之前的《湖南風土記》說：「長沙下濕，丈夫多夭折。俗信鬼，好淫祀，第蘆為室，頗雜越風。」〔註60〕

第八、《宋史》卷四九四：「（紹興）九年，宜章峒民駱科作亂，寇郴、道、連、桂陽諸州縣，詔發大兵往討之，獲駱科。餘黨歐幼四等復叛，據藍山，寇平陽縣，遣江西兵馬都監程師回討平之。」駱、歐都是典型的越人姓氏，宜章縣緊鄰廣東，在珠江流域。

第九、郴州的郴，聲旁是林 lam，但是讀作 chen，其上古音是複輔音 tslam，就是侗臺語的大城，第二章第三節和第四章第五節已經論證產里、車里、且蘭、者蘭、青盧、澄瀾、琼連都是同源字。

總之，文獻的證據與考古的證據吻合，越人主要在湖南的東部和南部，湘西也有一些。現在湘西最多的是苗族，苗族原來在兩湖平原，後來受到漢族移民南下的影響，不斷向西南遷徙。原來住在湘東南的越人，後世不斷漢化。所以後人居然忘記上古時期在湖南境內的最大一個族群是越人，他們的分布區至少到達沅水、資水、湘江中游，而湘西北原來就是土家族的祖先巴人分布區，所以原來苗瑤語族的苗族和瑤族在湖南境內的分布區不僅不大，而且非常偏北。《戰國策・秦策三》說吳起：「南攻揚越。」有學者據此以為揚越的分布區包括湖南。〔註61〕我以為揚越在江南的分布區主要在江西，所以在《禹貢》的九州之中，東南屬揚州，而湖南屬於荊州。而湖南省的中北部原來是苗瑤民族和土家族巴人的分布地，主要民族不是揚越。

〔註60〕〔宋〕樂史：《太平寰宇記》卷一百七十一潭州。
〔註61〕楊權喜：《楊越民族的分布區域及文化特點》，中國百越民族史學會、雲南省民族事務委員會編：《百越史論集》，雲南民族出版社，1989年，第342～351頁。